AF465398

EXTRAIT

Du Registre des Délibérations du Département des Ardennes.

Du 27 Octobre 1792, l'an premier de la République.

LA SÉANCE PUBLIQUE OUVERTE :

RAPPORT fait de la lettre du ministre des contributions & de celle du directeur général de la confection des assignats, toutes deux relatives à leur falsification, aux moyens de la reconnoître, aux mesures à prendre contre ceux qui pourroient arriver de l'étranger dans la République, & à l'invitation que contiennent particuliérement les lettres du ministre & du citoyen Delamarche, d'en assurer le succès en livrant à la réimpression tous les procès-verbaux contenant les signes caractéristiques auxquels cette falsification peut être reconnue & saisie.

Le Procureur-général-syndic entendu :

L'administration considérant 1°. que la falsification des assignats pourroit devenir dans les mains des ennemis de la République une arme dangereuſe à ſa proſpérité ſi le zele & la vigilance des bons citoyens ne tendoient inceſſamment à la rendre inutile.

2°. Que leurs efforts pour déconcerter les projets criminels des falſificateurs & déjouer leurs manœuvres, doivent être dirigés par l'étude des procès-verbaux imprimés & d'après l'examen le plus ſcrupuleux de ceux des aſſignats ſuſpectés de faux.

3°. Que les exemplaires des procès-verbaux qui ſont juſqu'à préſent parvenus à l'adminiſtration par les ſoins du citoyen adminiſtrateur de la caiſſe de l'extraordinaire, n'ont pas été ſuffiſamment multipliés pour qu'ils puiſſent être dans la main des citoyens intéreſſés à les connoître.

4°. Que la lettre du citoyen miniſtre des contributions aux corps adminiſtratifs préſente les vues les plus ſages & l'expoſition la plus intéreſſante des motifs propres à provoquer le zele & la ſurveillance des citoyens, lorſqu'ils auront pu s'éclairer par une connoiſſance plus particuliere des divers procès-verbaux.

5°. Que toute dépenſe qui a pour objet le ſalut de la République, l'intérêt des adminiſtrés & la ſûreté du commerce, tant intérieur qu'extérieur, eſt juſtifiée par d'auſſi grandes cauſes, & devient un devoir ſacré pour les adminiſtrateurs.

ARRÊTE, 1°. que les procès-verbaux que la caiſſe de l'extraordinaire a juſqu'à préſent tranſmis à l'administration sur la falsification des diverses natures d'assignats, seront réimprimés au nombre de 3500 exemplaires, & envoyés aux Districts, qui les transmettront aux Municipalités, & celles-ci aux percepteurs des diverses contributions, tant directes qu'indirectes, & aux citoyens négocians qui seront désignés par les conseils généraux des Communes, & qui sont invités de se charger officieusement de l'inspection des assignats que leurs concitoyens viendroient soumettre à leur examen.

2°. Que les Municipalités & négocians qui ont des correspondans étrangers sont invités de leur communiquer les procès-verbaux ou les remarques qu'ils auront faites pour parvenir à la reconnoissance de la falsification des assignats, & les prémunir contre ceux qu'ils pourroient recevoir, soit dans leur propre pays, soit des autres lieux étrangers à la République Française.

3°. Invite tous les négocians qui ont des correspondances au-dehors à n'admettre au paiement des assignats venant de l'étranger, spécialement de Liege, Bruxelles, Manheim & Francfort, qu'après en avoir comparé les formes, tant avec des assignats dont ils auront reconnu la vérité, qu'avec les procès-verbaux dont ils seront porteurs.

4°. ARRÊTE en outre que la lettre du ministre des contributions publiques, & la présente délibération seront imprimées en tête des procès-verbaux, publiées, lues dans les paroisses au premier prône qui en suivra la réception, & qu'il en sera adressé des exemplaires, tant au ministre des contributions publiques qu'à l'administrateur de la caisse de l'extraordinaire & au directeur général de la confection des assignats.

Signé CHANZY; TISSERON; BOURGEOIS; GÉRARD; DESSAULT; HANOTIN; DEHAYE, Procureur-général-syndic, & ROBERT, faisant les fonctions de secrétaire pour l'absence du secrétaire-général.

LETTRE du Ministre des Contributions publiques.

CITOYENS ADMINISTRATEURS,

ENTRE les trahisons de toutes sortes auxquelles nos ennemis ont recours, pour anéantir notre glorieuse révolution, ils ne négligent ni les plus lâches ni les plus perverses. Le fer & le feu ne suffisant pas à leurs armées, ils sont descendus au rang de contrefacteur d'assignats. On en fabrique, à cet effet, dans leurs camps, du milieu desquels ils cherchent à les faire passer dans la circulation, par tous les moyens dont la perfidie & le crime peuvent s'aviser.

Que cette fausse monnoie, digne cortege d'une armée qui ne peut commettre que des assassinats, ne vous cause aucune inquiétude. Nos ennemis n'ont pas encore réussi à la répandre. La vigilance du Pouvoir exécutif déconcerte par-tout leurs tentatives : mais il faut que cette vigilance se propage. C'est principalement sur les assignats qui arrivent de l'étranger, que vous devez porter votre attention, & notamment sur ceux de 300 liv. & de 5 liv. Il vous a été envoyé des procès-verbaux propres à instruire tous les individus des signes caractéristiques de falsification faciles à appercevoir. Multipliez ces procès-verbaux par la voie de l'impression ; envoyez-en dans les Districts, les Municipalités ; exhortez sur-tout les commerçans par leur propre intérêt, à livrer une guerre active à cette fausse monnoie ; qu'ils donnent à leurs correspondans étrangers les moyens de la reconnoître. Les étrangers ne seront pas moins indignés que nous des pertes auxquelles leurs souverains ne craignent pas de les exposer pour servir leur haine contre un peuple qui respecte les propriétés de ses ennemis, & ne demande qu'à rester libre & paisible.

C'est principalement sur les envois de Liege, de Bruxelles, de Manheim & de Francfort qu'il faut veiller avec le plus de sollicitude. Je vous le répete, jusqu'à présent aucun de ces envois n'a pu pénétrer sans être découvert & arrêté ; & c'est uniquement pour multiplier les précautions de tout genre, que j'ai cru devoir vous donner cet avis. Je le recommande à votre zele pour le bien des administrés, à votre amour pour la prospérité de la République, & au grand intérêt que nous avons tous de déconcerter les projets de nos ennemis.

Le ministre des contributions publiques.

CLAVIERE.

PROCÈS-VERBAUX

Des signes caractéristiques auxquels on peut reconnoître la falsification des Assignats.

2,000 liv.

L'AN mil sept cent quatre-vingt-douze, le premier Mars, Nous, commissaire du roi, administrateur de la caisse de l'extraordinaire, après avoir réuni MM. *le Couteulx*, trésorier de la caisse de l'extraordinaire; *Ferrier*, directeur de la fabrication des assignats; *Gatteaux*, graveur; *Pierre Didot*, imprimeur, & *Firmin Didot*, fondeur en caracteres d'imprimerie, à l'effet de vérifier & constater les marques caractériſtiques de falſification d'aſſignats de deux mille livres qui viennent de paroître ; après avoir rapproché & comparé entr'eux un faux aſſignat & un vrai, nous avons reconnu,

Que dans la partie ſupérieure, le filet perpendiculaire qui ſépare les lettres de la vignette, eſt éloigné des lettres de près de deux lignes de plus dans les faux que dans les vrais.

Que dans la ligne d'en haut du faux aſſignat, dans les mots ASSIGNAT DE LA CRÉATION, &c. inſérés entre les filets qui ſont entre les vignettes, la lettre L de l'article LA eſt jointe à la lettre A par en bas, de maniere que ces deux lettres ne paroiſſent en faire qu'une ſeule, au lieu que dans les vrais aſſignats ces deux lettres ſont ſéparées.

Que dans la ligne quatrieme, commençant par ces mots : *par le décret*, la lettre *l* de l'article *le* eſt traverſée par en haut des deux côtés, ainſi que par en bas, ce qui lui donne la forme d'un *I* capital.

Que dans la même ligne, le dernier jambage fin de la lettre initiale N du mot NATIONALE, au lieu d'être perpendiculaire, eſt tout-à-fait incliné.

Que dans le même mot NATIONALE, la lettre L eſt beaucoup plus large que la lettre E qui ſuit, & que le trait horiſontal de cette L eſt plein au lieu d'être délié.

Que la lettre E qui termine le mot NATIONALF, eſt tout de travers.

Que dans la cinquieme ligne, commençant par

le mot *des*, la lettre *d* eſt de travers, & touche preſque à l'*e*.

Que dans le milléſime 1790, le rond du chiffre 9 eſt exceſſivement petit par rapport au zéro.

Que la virgule qui ſuit le milléſime eſt extrêmement groſſe & lourde.

Que dans la ligne qui contient les mots aſſignats de *Deux mille Livres*, la lettre *D* du mot *Deux* eſt plus élevée que les lettres *e* & *u* qui ſuivent.

Que dans la même ligne, dans la lettre *M* du mot *Mille*, la pointe qui forme le *v* dans le milieu de cette lettre, dépaſſe les autres jambages.

Que dans la ligne commençant par ces mots : *Il ſera payé au porteur*, les mots *au porteur* ſont plus gros que le mot *ſomme* qui ſuit.

Que la lettre *i* du mot *Caiſſe* eſt traverſée par le haut des deux côtés.

Que dans la même ligne la lettre *U* du mot *deux* eſt très-reſſerrée par le bas.

Que dans la même ligne, la lettre I renfermée dans les ſyllabes EXTRAORDI-, eſt de même traverſée par le haut des deux côtés, tandis que dans les vrais aſſignats, le premier empatement ou trait du haut, ne va que juſqu'au plein & ne l'outrepaſſe pas.

Que dans la même ligne, les lettres D & I des ſyllables EXTRAORDI-, ſe touchent & ſe confondent par les empatemens ou traits d'en bas.

Que dans la même ligne, au mot *Conformément*, la premiere *n* eſt très-ouverte du bas.

Que dans le même mot, la lettre *e* qui se trouve dans la syllable *ment*, se termine par une queue qui remonte jusqu'à la tête de la lettte & la touche.

Que les cinq dernieres lettres du mot *conformément*, sont plus fortes que les premieres du mot.

Que l'intervalle du bas de l'assignat, composé de deux filets placés entre les vignettes, & dans lequel on lit les mots DEUX MILLE LIVRES, imprimés en petites capitales, est plus grand de près de deux lignes que celui des vrais assignats, dans lesquels l'intervalle dont on parle n'a pas tout-à-fait 15 lignes de longueur (1).

Que l'écusson qui porte l'effigie du roi est plutôt ovale que rond.

Que l'effigie du roi, renfermée dans l'écusson, n'a point de ressemblance, & que la tête est trop allongée.

Que les pointes de la fleur de lys du côté droit & de celle du bas, portent sur la même taille ou ligne, tandis que celle du milieu devroit dépasser.

Que dans le timbre long du bas, portant les mots *Deux Mille*, les caracteres des lettres sont très-maigres.

---

(1) On peut s'attacher particuliérement à cette remarque, parce qu'à l'aide de la dimension donnée de l'intervalle qui se trouve dans les vrais assignats, il n'est personne qui, sans autre objet de comparaison, avec un pied-de-roi seul, ne puisse distinguer la différence dont il est question.

Que dans le timbre long vis-à-vis, portant 2,000 livres en chiffres arabes, les chiffres ſont extrêmement maigres.

Que le timbre ſec & la gravure ſont très-mal exécutés, &c.

De tout quoi nous avons dreſſé procès-verbal, pour être par nous commiſſaire du roi, adminiſtrateur de la caiſſe de l'extraordinaire, adreſſé à tous les corps adminiſtratifs, tribunaux, juges de paix & autres officiers de police de ſûreté, conformément à la loi du 27 Février 1792. Et ont ſigné avec nous, les dénommés au préſent procès-verbal, les jour & an que deſſus.

LE COUTEULX; GATTEAUX; P. DIDOT *l'aîné*; FIRMIN DIDOT; FERRIER; AMELOT.

ASSIGNAT DE 500 liv.

L'AN mil ſept cent quatre-vingt-douze, l'an quatrieme de la liberté, le premier Mars, Nous commiſſaire du roi, adminiſtrateur de la caiſſe de l'extraordinaire, après avoir réuni MM. *le Couteulx*, tréſorier de la caiſſe de l'extraordinaire; *Ferrier*, directeur de la fabrication des aſſignats; *Gatteaux*, graveur; *Pierre Didot*, imprimeur, & *Firmin Didot*, fondeur en caracteres d'imprimerie, à l'effet de vérifier & conſtater les marques caractériſtiques d'un assignat de cinq cents livres, sous la série *C*, portant, pour indication de création, la date du 29 Septembre 1790; après avoir rapproché & comparé cet assignat faux d'un vrai de la même valeur, nous avons reconnu que cet assignat a été fait avec la même planche que celui de deux mille livres, dont nous avons dressé procès-verbal le premier Mars 1792.

Que les mêmes fautes subsistent dans l'un & l'autre; que la même planche a servi à la fabrication des deux especes, à l'exception qu'on a changé la désignation des sommes, & que ce qui est écrit dans l'assignat de deux mille livres en lettres rouges, est écrit en lettres noires dans celui de cinq cents.

Nous avons, de plus, reconnu que la premiere ligne insérée dans la bordure supérieure, formée de 2 filets entre les vignettes, la lettre É du mot CRÉATION & la lettre A qui la suit, se touchent presque. Que dans la même ligne, la lettre E qui est au milieu du mot SEPTEMBRE, ne ressemble point aux deux autres.

Que dans la seconde ligne formée du mot DOMAINES, la lettre A n'est point alignée avec les autres lettres fleuronnées.

Que dans la troisieme ligne formée du mot NATIONAUX; la lettre O n'est point alignée avec les autres lettres du mot.

Que dans le mot *remboursement* inséré dans la quatrieme ligne, les quatre premieres lettres sont séparées des autres.

Que dans la cinquieme ligne, les deux *l* initiales

des mots *le* & *l'Aſſemblée*, ſont coupées par des empatemens ou traits tranſverſaux qui les rendent ſemblables à des *I* de grandes capitales.

Que dans la ſixieme ligne commençant par le mot *des*, la lettre *d* initiale du mot *des*, un empatement tranſverſal qui n'exiſte point dans les vrais.

Que dans la ſeptieme ligne du milieu, formée des mots ASSIGNATS *de cinq cents liv.*, les trois lettres *liv.*, miſes par abréviation, vont en deſcendant.

Que la ſignature *Haurat* eſt faite à la griffe.

Que les deux timbres long du bas, portant les mots *cinq cents* en toutes lettres, & 500 en chiffres arabes, ſont à une diſtance de 16 lignes, au lieu d'être à celle de 21, comme ils ſont dans les vrais.

Que le timbre ſec eſt évidemment mal exécuté.

Qu'au total, ces aſſignats mal exécutés & tout maculés, ont 7 pouces moins une ligne de largeur, tandis que les vrais portent 7 pouces une ligne; qu'ils ont cinq pouces moins une ligne de hauteur, au lieu que les vrais portent cinq pouces juſte.

De tout quoi nous avons dreſſé procès-verbal, pour être par Nous, Commiſſaire du Roi, Adminiſtrateur de la Caiſſe de l'extraordinaire, adreſſé à tous les Corps adminiſtratifs, Tribunaux, Juges de Paix & autres Officiers de Police de ſûreté, conformément à la loi du 27 Février 1792. Et ont ſigné avec nous, les dénommés au préſent procès-verbal, les jour & an que deſſus.

LE COUTEULX, GATTEAUX, PIERRE DIDOT *l'aîné*, FIRMIN DIDOT, FERRIER, AMELOT.

ASSIGNAT DE 500 liv.

L'AN mil ſept cent quatre-vingt-douze, l'an 4e. de la Liberté, le premier Mars, Nous, Commiſſaire du Roi, Adminiſtrateur de la Caiſſe de l'Extraordinaire, après avoir réuni MM. le Couteulx, tréſorier de la Caiſſe de l'Extraordinaire; Ferrier, directeur de la fabrication des Aſſignats; Gatteaux, graveur; Pierre Didot, Imprimeur; & Firmin Didot, fondeur de caracteres d'imprimerie, à l'effet de vérifier & conſtater les marques caractériſtiques de falſification d'Aſſignats de 500 livres ſérie 2 *G*, portant pour indication, CRÉATION DU 19 JUIN 1791.

Après avoir rapproché & comparé l'Aſſignat faux, d'un vrai de même valeur, nous avons reconnu que le papier de l'Aſſignat faux eſt d'une couleur griſe.

Que dans la premiere ligne renfermée dans la partie ſupérieure, entre les deux filets, les lettres compoſant les mots ASSIGNAT DE LA CRÉATION DU 19 JUIN 1791, qui ſe trouvent répétées, ne ſe reſſemblent point entre elles; qu'elles ſont de grandeur inégale, & en général mal faites, point alignées, ce qui ſe remarque ſur-tout dans le mot ASSIGNAT, & dans les lettres A & I du même mot qui ſont hors de proportion avec toutes les autres; que dans la quatrieme ligne, au mot *rembourſement*, outre la différence qui existe dans la plus grande partie des lettres qui composent le mot, la lettre *o* est beaucoup plus petite que les autres lettres du mot, & que la seconde *m* est beaucoup plus grande.

Que dans la cinquieme ligne, commençant par les mots *par le décret*, les trois lettres du mot *par* vont en descendant.

Que la boucle de la lettre *r* est maigre.

Que les lettres qui composent les mots renfermés dans cette ligne, sont en général mal alignées.

Que dans la sixieme ligne commençant par le mot *des*, la lettre *e* du premier mot *des* est infiniment plus grande que la lettre *e* de la conjonction *et* qui se trouve placée entre les dates 16 *et* 17.

Que le mot *sanctionné*, qui se trouve dans la même ligne est rompu, & que les lettres sont mal alignées.

Que dans la ligne commençant par les mots *Il sera payé au porteur*, les lettres sont généralement mal alignées, inégales & dissemblables.

Que dans la ligne suivante, commençant par les syllabes *Naire*, les chiffres 9 ne se ressemblent point.

Que celui de la date 29 est plus petit que tous les autres, & celui du milléfime 1790 est évidemment plus grand.

Que dans le timbre long du bas, portant les mots *cinq cents*, les lettres *q* & *e* sont évidemment plus grandes que les autres.

Que le timbre ſec eſt embrouillé.

Que dans l'effigie du roi, les caracteres de la figure different de ceux qui ſe trouvent dans les vrais Aſſignats ; qu'on remarque ſur-tout que le nez ſe termine par un arrondiſſement, tandis que dans les vrais il ſe termine par un pointu.

De tout quoi nous avons dreſſé procès-verbal, pour être par Nous, Commiſſai e du Roi, Administrateur de la Caiſſe de l'Extraordinaire, adreſſé à tous les Corps adminiſtratifs, Tribunaux, Juges de Paix & autres Officiers de Police de ſûreté, conformément à la loi du 27 Février 1792. Et ont ſigné avec nous les dénommés au préſent Procès-verbal, les jour & an que deſſus.

LE COUTEULX, GATTEAUX, PIERRE DIDOT *l'aîné*, FIRMIN DIDOT, FERRIER, AMELOT.

ASSIGNAT DE 200 liv.

L'AN mil ſept cent quatre-vingt-douze, l'an 4e. de la Liberté, le premier Mars, Nous Commiſſaire du Roi, Adminiſtrateur de la Caiſſe de l'Extraordinaire, après avoir réuni MM. le Couteulx, tréſorier de la Caiſſe de l'Extraordinaire; Ferrier, directeur de la fabrication des Aſſignats ; Gatteaux, graveur ; Pierre Didot, imprimeur, & Firmin Didot, fondeur en caracteres d'imprimerie, à l'effet de vérifier & constater les marques caractéristiques de falsification d'Assignats de deux cents livres, portant indication de création les 19 & 21 Décembre 1789, 16 & 17 Avril 1790, sous la série G, & portant le N°. 150.

Après avoir rapproché & comparé l'Assignat faux, d'un vrai de même valeur, nous avons reconnu que dans la seconde ligne de l'Assignat faux, qui commence par ces mots *Hypothéqués au remboursement des*, &c., la lettre *d* de l'article *des*, est beaucoup trop forte.

Que dans la même ligne, la lettre *d* qui commence le mot *décrétés*, est évidemment plus petite que le *d* du mot *des* qui est antérieur.

Que le *c* du mot *décrétés*, est plus fort que les autres lettres du mot.

Que dans la même ligne, la double *ss* du mot *Assemblée*, est plus serrée que celle qui est dans les vrais.

Que cette double *ss* dépasse dans les faux la petite capitale *A* qui la précede, tandis que dans les vrais elle est de la même hauteur.

Que dans la ligne du milieu, séparée par l'effigie du Roi, portant ces mots ASSIGNATS DE *deux cents livres*, en grosses lettres, la lettre *e* du mot *cent* est plus petite que la lettre *n* qui suit, & que le second jambage de cette lettre est plus grand que le premier.

Que la boucle de la lettre *l* dans les trois lettres

liv. qui terminent la ligne du milieu, eſt ſerrée & étroite, ce qui fait que le point de la lettre *i* qui ſuit eſt très-éloigné, tandis que dans les vrais, la boucle de la lettre *l* eſt très-ouverte, & met, par conſéquent, le point de la lettre *i* qui ſuit, à une diſtance convenable.

Que cet Aſſignat eſt gravé en taille douce dans tout ſon contenu, même les ſignatures.

Que la ſignature, au lieu de porter *Larrivée*, eſt écrite *Larriveille.*

De tout quoi nous avons dreſſé Procès-verbal, pour être, par nous Commiſſaire du Roi, Administrateur de la Caiſſe de l'Extraordinaire, adreſſé à tous les Corps Adminiſtratifs, Tribunaux, Juges de Paix & autres Officiers de Police de ſûreté, conformément à la loi du 27 Février 1792. Et ont ſigné avec nous les dénommés au préſent Procès-verbal, les jour & an que deſſus.

LE COUTEULX, GATTEAUX, PIERRE DIDOT *l'aîné*, FIRMIN DIDOT, FERRIER, AMELOT.

ASSIGNAT DE 200 liv.

L'AN mil ſept cent quatre-vingt-douze, l'an 4e. de la Liberté, le premier Mars, Nous Commiſſaire du Roi, Adminiſtrateur de la Caiſſe de l'Extraordinaire, après avoir réuni MM. le Couteulx, tréſorier de la Caiſſe de l'Extraordinaire; Ferrier, directeur de la fabrication des Aſſignats; Gatteaux, graveur; Pierre

Didot, imprimeur, & Firmin Didot, fondeur en caracteres d'imprimerie, à l'effet de vérifier & constater les marques caractéristiques d'un assignat de deux cents livres, portant pour indication de création les dates des 19 & 21 Décembre 1789, 16 & 17 Avril 1790, sous la série *H*; après avoir comparé & rapproché cet assignat faux avec un vrai, nous avons reconnu que tout ce qui est écrit dans le faux, en lettres italiques, est en général d'un caractere plus petit que dans les vrais.

Que dans la troisieme ligne, au mot *Décembre*, la lettre *D* touche la lettre *é*,

Que dans la même ligne, le mot *Sanctionné* est très-petit.

Que dans la seconde ligne, au-dessous de l'effigie du Roi, dans les mots *à la*, la lettre *à* marquée d'un accent grave, qui précede l'article *la*, est très-petite.

Que dans l'article *la*, la lettre *l* est très-éloignée de la lettre *a*.

Que dans la même ligne, le mot *conformément* est fort petit.

Et qu'en général, les lettres, la gravure, les timbres sont très-mal exécutés.

De tout quoi nous avons dressé procès-verbal, pour être, par Nous, Commissaire du Roi, Administrateur de la Caisse de l'Extraordinaire, adressé à tous les Corps Administratifs, Tribunaux, Juges de paix, & autres Officiers de Police de sûreté, conformément a la loi du 27 Février 1792. Et ont signé avec nous les dénommés au présent Procès-verbal, les jour & an que dessus.

LE COUTEULX, GATTEAUX, PIERRE DIDOT *l'aîné*, FIRMIN DIDOT, FERRIER, AMELOT.

ASSIGNAT DE 200 liv.

L'AN mil sept cent quatre-vingt-douze, l'an 4e. de la Liberté, le onze Janvier,

Nous Commissaire du Roi, Administrateur de la Caisse de l'Extraordinaire, après avoir réuni MM. le Couteulx, trésorier de la Caisse de l'Extraordinaire; Ferrier, directeur de la fabrication des Assignats; Gatteaux, graveur; Pierre Didot, imprimeur, & Firmin Didot, fondeur en caracteres d'imprimerie, à l'effet de vérifier et constater les marques caractéristiques de falsification d'un Assignat de deux cents livres, portant pour indication de création les dates des 19 & 21 Décembre 1789, 16 & 17 Avril 1790, sous la série *J*; après avoir rapproché & comparé cet Assignat faux avec un vrai, nous avons reconnu que dans le mot *Hipothéqués* qui commence la seconde ligne, la lettre *o* est éloignée du *t* qui la suit, & qu'elle ne l'est pas dans les vrais.

Que dans la même ligne, au mot *décrétés*, les

lettres *d* & *é* se touchent presque, & que le mot est tout-à-fait de travers.

Que dans la même ligne, au mot *Assemblée*, la lettre *l* qui se trouve dans ce mot, est beaucoup trop près de la lettre *é* qui la suit.

Que dans la seconde ligne, au dessous de l'effigie du Roi, le mot *conformément* qui y est renfermé, est beaucoup plus petit que dans les vrais.

Qu'en général, les caracteres sont extrêmement maigres; que ces caracteres & la gravure sont fort mal exécutés.

Que l'effigie du Roi est très-grossiérement imitée, ainsi que toutes les parties de cette gravure; que les lettres de la légende sont grossiérement tracées, tandis que dans les vrais elle est nette & légere.

De tout quoi nous avons dressé le présent procès-verbal, pour être, par Nous, Commissaire du Roi, Administrateur de la Caisse de l'Extraordinaire, adressé à tous les Corps Administratifs, Tribunaux, Juges de paix & autres Officiers de police de sûreté, conformément à la loi du 27 Février 1792. Et ont signé avec nous les dénommés ci-dessus, les jour & an que dessus.

LE COUTEULX, GATTEAUX, PIERRE DIDOT *l'aîné*, FIRMIN DIDOT, FERRIER, AMELOT.

ASSIGNAT DE 500 liv.

L'AN mil sept cent quatre-vingt-onze, le vingt-six Décembre, à une heure après-midi, Nous Commissaire du Roi, Administrateur de la Caisse de l'Extraordinaire, après avoir réuni MM. le Couteulx, trésorier de la Caisse de l'Extraordinaire, Ferrier, Directeur de la fabrication des Assignats, Gatteaux, graveur, & Didot, imprimeur, à l'effet de vérifier & constater les marques caractéristiques de falsification d'Assignats de cinq cents livres qui viennent de paroître; après avoir rapproché & comparé un assignat faux d'un vrai, nous avons reconnu que dans le faux assignat, les mots *Assignat de la création du dix-neuf Juin* 1791, insérés dans la bordure pour désigner la date de la création, sont plus gros que dans les vrais Assignats.

Que sur-tout la lettre *n*, du mot *création*, commence par une pointe fine, au lieu de commencer par un trait transversal.

Que cette lettre *n* differe en cela de celles renfermées aux mots *Assignat* & *Juin*.

Que les *u* des mots *du* & *Juin*, au lieu de commencer par un plein & de finir par un délié, commencent par un délié & finissent par un plein.

Que le *point* qui est après le millésime 1791, n'aligne pas le bas du chiffre.

Qu'au mot *Domaines* dont les lettres sont fleuronnées, la pointe du milieu de la lettre *m* ne descend pas jusqu'au bas de la lettre.

Que dans le mot *nationaux* la fin de la lettre *n* se termine par un blanc; au lieu de se terminer par un noir.

Que dans la troisieme ligne, au mot *Remboursement*, les lettres *B* & *O* sont plus petites que les autres lettres.

Que dans la même ligne, la lettre *A* du mot *Assignats*, imprimé en petites capitales, est très-grande.

Que dans la ligne suivante, au mot *Décret*, l'accent aigu de l'*é* touche à la lettre, tandis qu'il doit y avoir une distance.

Que dans la même ligne la pointe de la lettre *m* du mot *Assemblee*, imprimé en petite capitales, ne descend point jusqu'au bas.

Que dans le même mot *Assemblée*, le premier des deux *é* est plus haut & plus étroit que le dernier.

Que dans la ligne suivante le mot *des* qui la commence, avant les dates 16 & 17 Avril, les trois lettres du mot *des* vont en augmentant au lieu d'être égales.

Que dans la même ligne, au mot *Sanctionné* en lettres italiques, le *c* est trop fort, & que des deux lettres *n* qui terminent le mot, la premiere est plus petite que la seconde.

Qu'aux mots *Assignat de cinq cents livres*, dans la lettre *A* du mot *Assignat* qui porte la Loi &

le Roi, le premier jambage eſt plus court que le ſecond.

Que dans la ligne ſuivante, commençant par ces mots: *Il ſera payé*, &c. les deux lettres *L* des deux articles *La* qui s'y rencontrent en lettres italiques, ſont plus baſſes que les *a*, & que l'*a* du premier article eſt plus petit que celui du ſecond.

Que dans la même ligne le mot *Porteur* eſt d'un caractere plus grand que les autres mots de la même ligne, imprimés de même en lettres italiques.

Que dans le mot coupé *Extraordinaire*, qui termine cette même ligne, l'*E* capital eſt très-étroit, l'*x* beaucoup plus grande que les autres lettres, & le *d* petit.

Que dans ce même mot coupé *Extraordinaire*, les ſyllabes *Extraordi-* vont en diminuant, & que les ſyllabes finales *-naire* ne ſont point d'accord.

Que dans la ligne ſuivante, dans le mot *Conformément*, l'accent de l'*é* eſt grave au lieu d'être aigu.

Que dans le mot *aux* qui ſuit celui *conformément*, l'*u* eſt plus incliné & plus étroit que les deux autres lettres.

Que dans la même ligne, dans le mot *Décrets*, l'accent aigu eſt très-gros, & que la tête de la lettre *r* n'eſt formée que par un point au lieu de ſe lier par un délié.

Qu'au mot *Septembre*, toujours dans la même ligne, la lettre *p* eſt trop groſſe.

Qu'au mot *Juin*, toujours dans la même ligne, l'*u* eſt grand & l'*n* petite.

Que dans le milléſime *1791* qui termine la ligne en ſuivant le mot *Juin*, le chiffre 7 eſt plus élevé que celui 9.

Que dans la lettre *N* qui indique le numéro, le premier jambage deſcend plus bas que le ſecond.

Que dans l'écuſſon qui porte l'effigie du Roi, la chûte de la chevelure eſt terminée par un cercle ſans interruption, au lieu que les cheveux en tombant interrompent par un blanc le fond de la gravure, & forment une échancrure dans les vrais Aſſignats.

Au ſurplus, qu'en général les caracteres des faux Aſſignats n'ont ni l'ordre, ni la pureté de ceux des vrais; que pluſieurs même ſont d'une plus grande dimenſion, tels que ceux qui forment la déſignation de la création, inſérés dans la bordure, & ceux de *cinq cents livres* qui ſont compris dans la ligne commençant par ces mots: *Il ſera payé*, &c.

De tout quoi Nous avons dreſſé le préſent procès-verbal, pour être adreſſé & communiqué par-tout où beſoin ſera. Et ont ſigné avec Nous, les dénommés ci-deſſus, les jour & an que deſſus.

PIERRE DIDOT l'aîné, GATTEAUX, FERRIER, LE COUTEULX & AMELOT.

NOTA. Quelques particuliers ont cherché à contrefaire les Aſſignats de *Cinq cents liv.* à la main, mais ils ſont ſi groſſiérement faits, que l'œil le moins exercé ne peut pas s'y méprendre: chaque Aſſignat étant varié dans ſa contexture, il eſt impoſſible d'indiquer les ſignes de faux.

ASSIGNAT DE 300 liv.

L'AN mil ſept cent quatre-vingt-douze, quatrieme de la Liberté, vingt-ſix Juillet, Nous, Commiſſaire du Roi, Adminiſtrateur de la Caiſſe de l'Extraordinaire, après avoir réuni MM. le Couteulx, Tréſorier de la Caiſſe de l'Extraordinaire; Ferrier, Directeur de la fabrication des Aſſignats; Gatteaux, Graveur; Pierre Didot, Imprimeur; & Firmin Didot, Fondeur en caracteres d'imprimerie, à l'effet de vérifier & conſtater les marques caractériſtiques de falſification d'Aſſignats de 300 l., de la création des 19 Juin & 12 Septembre 1791, qui viennent de paraître; Après avoir rapproché & comparé entre eux un faux & un vrai de même valeur & même création, Nous avons reconnu;

Que dans la ligne inſérée entre les deux filets de la partie ſupérieure, portant les mots ASSIGNAT DE LA CRÉATION DES 19 JUIN ET 12 SEPTEMBRE 1791, les chiffres 7 & 9 du milléſime 1791, débordent par en haut les chiffres 1 qui s'y rencontrent; & en outre que la queue du chiffre 7 dépaſſe beaucoup par en bas celle du 9.

Que dans la premiere ligne, DOMAINES NATIONAUX, en lettres fleuronnées, la lettre U, qui ſe trouve dans le mot NATIONAUX, eſt plus petite que les lettres A & X au milieu deſquelles elle eſt placée; & qu'en outre la lettre

X eſt trop grande, ce qui rend la derniere ſyllabe NAUX point allignée.

Que dans la ligne ſuivante, commençant par le mot *Hipothéqués*, la lettre *t* de ce mot *Hipothéqués* deſcend plus bas que les lettres *o* & *h* au milieu deſquelles elles ſe trouve, & que le *t* ſe termine par un plein au lieu d'être délié.

Que dans la même ligne, dans le mot *Décret*, l'*é* aigu qui s'y rencontre eſt plus petit que la lettre *c* qui le ſuit, & que cette lettre *c* ſe rapproche d'un *C* capital.

Que dans la ligne du milieu, compoſée des mots: ASSIGNAT DE TROIS CENTS liv., les mots TROIS CENTS ſont très-mauvais; qu'on le remarque ſur-tout par les deux SS qui s'y trouvent, qui ne ſe reſſemblent point entre elles, ſur-tout par la tête.

Que dans la ligne ſuivante, commençant par ces mots: *Il ſera payé*, &c. les mots *Trois cents livres* qui y ſont contenus ſont très-mauvais; que les *i* qui ſe trouvent dans les mots *trois* & *livres* ſont ſurmontés & terminés par des empâtemens très-allongés, ſur-tout ceux du bas, ce qui n'existe pas dans les vrais.

Que ces mots *Trois* & *Cents* ne ſont preſque point ſéparés; ce qui leur donne l'air de ne former qu'un ſeul mot, tandis que dans les vrais, ces deux mots ſont diſtincts & ſéparés.

Que la lettre *o* qui ſe trouve dans le mot *Trois*,

eſt plus groſſe que les autres lettres du mot.

Que dans la partie inférieure de l'Aſſignat, dans les mots TROIS CENTS liv. renfermés entre les deux petites rayes perpendiculaires, on remarque que dans la lettre N du mot CENTS, l'empâtement qui doit ſe trouver ſur le premier jambage de la lettre, ſe trouve au contraire en bas, à la terminaiſon de la lettre.

Qu'au ſurplus, ces trois mots ſont très-mal imprimés.

Que dans l'effigie du Roi, qui ſe trouve au milieu de l'Aſſignat, le profil eſt mal exécuté ; que ſur-tout le double menton n'y eſt point marqué comme il l'eſt dans les vrais.

Que la chevelure s'éloigne de la nature ; que les traits qui la compoſent ſont beaucoup trop marqués, principalement à la racine.

Que dans les faux Aſſignats, les deux timbres du bas, portant *Trois cents* en toutes lettres, & 300 en chiffres arabes, ſont moins hauts que ceux des vrais.

Que dans celui qui porte 300 en chiffres arabes, le petit écuſſon à droite, qui encadre les fleurs-de-lys, & qui eſt formé de perles, n'eſt point rond, que les perles en ſont plus maigres & plus détachées que dans les vrais.

Que les fleurs-de-lys renfermées dans le petit écuſſon ſont plus maigres, plus quarrées, & n'offrent point la forme de loſange, comme dans les vrais.

Que l'Aſſignat en général porte une ligne de moins dans ſa hauteur & ſa largeur, que les vrais.

De tout quoi, Nous avons dreſſé le préſent procès-verbal pour être, par Nous, Commiſſaire du Roi, Adminiſtrateur de la Caiſſe de l'Extraordinaire, adreſſé à tous les Corps adminiſtratifs, Tribunaux, Juges de paix, & autres Officiers de Police de sûreté, conformément à la Loi du 27 Février 1792. Et ont ſigné avec Nous, les dénommés ci-deſſus, les jour, mois & an que deſſus.

Signé FIRMIM DIDOT, P. DIDOT l'aîné, GATTEAUX, LE COUTEULX, FERRIER & AMELOT.

ASSIGNAT DE 200 liv.

L'AN mil ſept cent quatre-vingt-douze, quatrieme de la Liberté, le vingt-ſix Juillet, Nous, Commiſſaire du Roi, Adminiſtrateur de la Caiſſe de l'Extraordinaire, après avoir réuni MM. le Couteulx, Tréſorier de la Caiſſe de l'Extraordinaire; Ferrier, Directeur de la fabrication des Aſſignats; Gatteaux, graveur; Pierre Didot, imprimeur; & Firmin Didot, fondeur en caracteres d'imprimerie, à l'effet de vérifier & conſtater les marques caractériſtiques de falſification d'Aſſignats de 200 liv. qui viennent de paraître ; après avoir rapproché & comparé un faux Aſſignat & un vrai, Nous avons reconnu :

Que dans la partie ſupérieure, dans la ligne placée entre les filets portant ces mots : ASSIGNAT DE LA CRÉATION DES 19 JUIN ET 12 SEPTEMBRE 1791, la lettre U du mot JUIN eſt fort large.

Que dans la ligne ſuivante, portant les mots : DOMAINES NATIONAUX, en lettres fleuronnées, les lettres A qui ſe rencontrent dans ces mots n'ont point au coup d'œil, l'air d'être proportionnées avec les autres lettres qui les accompagnent.

Que dans la lettre X, finale du mot NATIONAUX, le petit loſange, au lieu de ſe trouver, comme dans les vrais, juſte au milieu de la croiſure des deux jambages de la lettre, eſt placé, dans les faux, au deſſus du ſecond jambage délié.

Que dans la ligne ſuivante, commençant par les mots *Hypothéqués au rembourſement*, *&c.* la lettre *t* du mot *rembourſement* ſurpaſſe de beaucoup les autres lettres du mot, ce qui lui donne la forme & l'apparence d'une petite *l* barrée.

Que cette forme ſe fait ſentir ſur-tout dans la lettre *t* finale du mot *Décret*, contenu dans la même ligne.

Que dans la même ligne, les lettres qui compoſent le mot ASSEMBLÉE, principalement l'M & le B ſont très-mal faites, & ont l'air écraſées.

Que dans la ligne ſuivante, commençant par *des 16 & 17 Avril*, les lettres *n* du mot *ſanctionné* qui s'y rencontre ſont extrêmement larges.

Que dans la même ligne, la lettre *r* du mot *par* qui ſuit, eſt terminée par en bas, par un empâtement, ce qui n'exiſte pas dans les vrais.

Que dans la ligne du milieu, contenant les mots ASSIGNAT DE DEUX CENTS liv. les deux SS du mot ASSIGNAT ne ſe reſſemblent pas, & que la ſeconde eſt plus portée en avant par le haut du côté de l'I, que la premiere.

Que dans la ligne ſuivante, commençant par les mots *Il ſera payé, &c.* la lettre *l* du mot *la* qui précede le mot *Caiſſe*, deſcend beaucoup par en bas.

Que dans le mot *Caiſſe*, la lettre *i* qui y eſt contenue, eſt ſurmontée d'un empâtement qui ſe prolonge des deux côtés; tandis qu'il ne doit être mis que d'un ſeul côté.

Que dans la ligne ſuivante, commençant par le mot *conformément*, la lettre *m* du mot *Septembre* qui ſe trouve dans cette ligne, eſt très-large, & que la lettre *r* qui ſe trouve dans le même mot, eſt terminée par un empâtement, tandis qu'elle ne doit pas en avoir.

Que dans la partie inférieure de l'Aſſignat, dans les mots DEUX CENTS LIVRES renfermés entre les deux petits traits perpendiculaires, on remarque que la lettre U qui ſe trouve dans le mot DEUX, est totalement fermée par les empâtemens du haut. Que la lettre L du mot LIVRES est large & point proportionnée.

Que l'effigie du Roi est très-mal exécutée ; qu'on remarque notamment dans la chevelure, que les tailles ou traits sont en plus petit nombre & plus épais que dans les vrais ; qu'il en est de même de l'habillement.

Que dans l'exergue, portant ces mots : LOUIS XVI, ROI DES FRANÇAIS, imprimés autour de l'effigie du Roi, on remarque qu'il n'y a point de cédille sous la lettre C, ce qui n'existe pas dans les vrais.

Que dans le timbre du bas, portant les mots *Deux cents* en toutes lettres, on remarque que le mot GATTEAUX est beaucoup plus large que celui qui se trouve dans les vrais.

Que dans le timbre parallele, portant 200 en chiffres arabes, on remarque que les perles qui forment l'encadrement, sont beaucoup plus petites & plus séparées que celles qui forment un pareil encadrement dans les vrais.

Que les filets qui forment l'encadrement du corps de l'Assignat, sont réunis par les angles, au lieu d'être séparés, comme ils le sont dans les vrais.

Que dans le timbre sec, le petit cartouche qui est au-dessus de l'écusson qui renferme les mots *la Loi & le Roi*, ces mots *la Loi & le Roi* sont gravés en relief au lieu de l'être en creux, comme ils le sont dans les vrais.

Que l'Assignat faux est presque d'une ligne plus court que les vrais en largeur, & d'une demi-ligne sur la hauteur.

Qu'au surplus, l'Assignat est gravé en taille-douce, que l'impression y est très-mal faite, & que les lettres ne se ressemblent point les unes avec les autres.

De tout quoi nous avons dressé procès-verbal, pour être par Nous, Commissaire du Roi, Administrateur de la Caisse de l'extraordinaire, adressé à tous les Corps administratifs, Tribunaux, Juges de Paix & autres Officiers de Police de sûreté, conformément à la loi du 27 Février 1792. Et ont signé avec nous, les dénommés ci-dessus, les jour, mois & an que dessus.

LE COUTEULX, GATTEAUX, PIERRE DIDOT *l'aîné*, FIRMIN DIDOT, FERRIER, AMELOT.

ASSIGNAT DE 300 liv.

L'AN mil sept cent quatre-vingt-douze, quatrieme de la Liberté, le sept Septembre, Nous, Administrateur de la Caisse de l'Extraordinaire, après avoir réuni MM. le Couteulx, trésorier de la Caisse de l'Extraordinaire; Gatteaux, graveur; Pierre Didot, Imprimeur; & Firmin Didot, fondeur en caracteres d'imprimerie, à l'effet de vérifier & constater les signes caractéristiques de falsification d'Assignats de 300 livres de la Création des 19 Juin & 12 Septembre

Septembre 1791, qui viennent de paraître; Après avoir rapproché & comparé entre eux un faux Assignat & un vrai, nous avons reconnu;

Que dans la partie supérieure, portant les mots ASSIGNAT DE LA CREATION DES 19 JUIN ET 12 SEPTEMBRE 1791, renfermée entre les deux petits traits perpendiculaires, dans le mot ASSIGNAT, les deux syllabes ASSI, sont très-rapprochées.

Que la lettre G qui suit, est plus grosse que les autres lettres du mot.

Que la lettre R du mot CRÉATION, qui se trouve dans la même ligne, touche par en bas la lettre E qui la suit.

Que l'accent-aigu qui est placé sur cette lettre É, est figuré par un petit point alongé, ce qui n'est pas dans les vrais assignats.

Que cette lettre É touche presque la lettre A qui la suit.

Que les trois lettres RÉA qui se trouvent dans ce mot CRÉATION, sont toutes liées par le bas, tandis que dans les vrais assignats, ces mêmes lettres sont très-distinctes & séparées.

Que dans la même ligne, au mot DES, la barre transversale du milieu de l'E, touche le trait supérieur de la lettre, & que cette barre est figurée par un point alongé.

Que dans la même ligne, la lettre J initiale du mot JUIN, est plus courte que les autres lettres de ce mot.

Que dans le mot SEPTEMBRE, auſſi contenu dans la même ligne, les lettres E & P ſe touchent preſque par le bas, & que les lettres P & T qui ſuivent, ſe touchent preſque par le haut.

Que la boucle de la lettre P, au lieu d'être fermée par une rondeur, est terminée par un trait horizontal qui va rejoindre le trait perpendiculaire de la lettre.

Que dans le même mot SEPTEMBRE, la lettre E touche presque le jambage de lettre M, dans sa partie supérieure, et que cette lettre M et la lettre B qui la ſuit, ſont liées enſemble à leurs parties ſupérieure & inférieure par deux empâtemens placés à la naiſſance & à la terminaiſon de la lettre B.

Que dans le même mot SEPTEMBRE, les lettres RE qui forment la derniere ſyllabe du mot, ſe touchent auſſi par en bas.

Que dans la même ligne, les chiffres qui compoſent le milléſime 1791, ſont beaucoup plus forts que ceux qui compoſent le même milléſime dans les vrais aſſignats, ce qui ſe remarque, ſur-tout, dans les chiffres 7 & 9 qui débordent par en haut, les deux chiffres 1 entre leſquels ils ſont placés

Que dans la ligne ſuivante contenant les mots DOMAINES NATIONAUX en lettres fleuronnées, la lettre U inſérée dans la derniere ſyllabe du mot NATIONAUX, eſt moins grande que les lettres A & X au milieu deſquelles elle ſe trouve placée, ce qui n'exiſte pas dans les vrais aſſignats.

Que dans la ligne contenant les mots *Hypothéqués au remboursement des Assignats par le Décret &c.* la tête de la lettre *l* du mot *le*, penche du côté de la lettre *r* du mot *par* qui le précede.

Que dans la ligne commençant par les mots *Il sera payé, &c.* la lettre *s* du mot *sera*, est très-rapprochée de la lettre L capitale du mot *Il*, & que cette lettre *s* est placée plus bas que les autres lettres du mot, & qu'elle n'y est point proportionnée.

Que dans le mot suivant *payé*, la lettre *y* qui s'y rencontre, est très-large par le haut.

Que dans la même ligne, la lettre *s* du mot *somme* qui s'y rencontre, est aussi plus basse que les autres lettres du mot.

Que dans la même ligne, les mots *trois cents livres*, sont plus rapprochés les uns des autres, dans les faux, qu'ils ne le sont dans les vrais.

Que la lettre *o* qui se rencontre dans le mot *trois*, est plus large & plus grande que toutes les autres lettres du mot.

Que dans la ligne suivante, commençant par le mot *conformément*, la lettre *c* de ce mot *conformément*, est plus éloignée de la lettre *o* qui la suit, & que cette lettre *o*, se trouve très-près de la lettre *n*.

Que dans la même ligne, la lettre *a* du mot *aux* qui s'y rencontre, est plus basse que les lettres *u* & *x* qui la suivent.

Que toujours dans la même ligne, dans la premiere ſyllabe, *Sept*, du mot *Septembre*, la lettre *e* eſt éloignée du *p* qui la ſuit, & que ce *p* eſt très-rapproché de la lettre *t* qui la ſuit.

Que le timbre long du bas, portant ces mots, *trois cents*, en toutes lettres, eſt plus court & moins large d'une ligne dans les faux que dans les vrais Aſſignats.

Que le mot *Gatteaux* qui eſt renfermé dans le timbre ſous le mot *trois cents*, eſt d'un caractere plus fort dans les faux que dans les vrais.

Que le ſecond timbre du bas, à gauche, portant 300 en chiffres arabes, eſt plus court & moins large d'une ligne dans les faux Aſſignats que dans les vrais.

Que les caracteres inſérés dans le petit médaillon rond, placé à gauche dans l'intérieur du timbre, & portant les mots LA LOI & LE ROI, ces mots LA LOI & LE ROI, ſont d'un caractere plus fort que celui qui forme les mêmes lettres & les mêmes mots dans les vrais Aſſignats.

Que dans le ſecond médaillon rond de droite, portant trois fleurs de lys, ces trois fleurs de lys ſont plus maigres que celles qui ſe trouvent dans les vrais Aſſignats, & que les parties qui les compoſent ſont plus écartées du corps de la fleur de lys dans les faux Aſſignats que dans les vrais.

Que l'eſpace contenu entre les deux petits traits perpendiculaires, placé à la partie inférieure de l'Aſſignat, & contenant les mots TROIS CENTS LIVRES en petites capitales, eſt plus long d'une demi-ligne dans les faux que dans les vrais.

Que l'effigie du roi empreinte au milieu de l'Aſſignat, eſt très-mal exécutée ; que le nez ſe termine par une rondeur, au lieu de ſe terminer par une pointe, comme dans les vrais Aſſignats ; que le caractere des mots qui compoſent l'exergue, LOUIS XVI ROI DES FRANÇAIS, eſt beaucoup plus fort que celui qui compoſe les mêmes mots dans les Aſſignats vrais.

Qu'en meſurant l'Aſſignat faux, en le prenant d'une extrêmité d'une vignette d'un côté à l'autre, il eſt plus court d'une ligne dans ſa largeur que les vrais Aſſignats ; qu'en le meſurant pareillement de l'extrêmité de la premiere ligne de la vignette ſupérieure, à la derniere ligne de la vignette inférieure, cet Aſſignat faux eſt plus court d'une ligne dans ſa hauteur que les vrais Aſſignats.

Que le timbre ſec eſt fort mal exécuté ; qu'en général les lettres & la gravure ne ſont point nettes, & que ſur-tout les lettres ne ſont point proportionnées les unes avec les autres.

De tout quoi nous avons dreſſé le préſent procès-verbal, pour être par Nous, Adminiſtrateur de la Caiſſe de l'Extraordinaire, adreſſé à tous les Corps adminiſtratifs, Tribunaux, Juges de Paix & autres Officiers de Police de ſûreté, conformément à la loi du 27 Février 1792. Et ont ſigné avec nous les dénommés ci-dessus, les jour & an que dessus.

Signé à l'original, PIERRE DIDOT *l'aîné*, FIRMIN DIDOT, GATTEAUX, LE COUTEULX, & AMELOT.

ASSIGNAT DE 300 liv.

L'AN mil sept cent quatre-vingt-douze, quatrieme de la Liberté, le sept Septembre, Nous administrateur de la caisse de l'extraordinaire, après avoir réuni MM. *le Couteulx*, trésorier de la caisse de l'extraordinaire; *Gatteaux*, graveur; *Pierre Didot*, imprimeur, & *Firmin Didot*, fondeur en caracteres d'imprimerie, à l'effet de vérifier & constater les signes caractéristiques de falsification d'Assignats de 300 livres de la création des 19 Juin & 12 Septembre 1791, qui viennent de paroître, après avoir rapproché & comparé entre eux un faux Assignat & un vrai, nous avons reconnu :

Que la partie supérieure contenue entre les deux petits traits perpendiculaires entre lesquels sont insérés les mots ASSIGNAT DE LA CRÉATION DES 19 JUIN ET 12 SEPTEMBRE 1791, l'espace est plus petit de près d'une ligne & demie, que celui des vrais Assignats, que dans le mot ASSIGNAT les deux syllabes ASSI, sont très-rapprochées, que les quatre lettres dont les deux syllabes sont composées, ne sont point proportionnées aux quatre autres de la syllabe GNAT qui termine le mot.

Que dans le mot CRÉATION, la lettre R & la lettre É se touchent par le bas, & que l'accent aigu placé sur la lettre É, est très-épais & touche presque cette lettre É.

Que dans le mot DES qui suit, les lettres ES sont très-près l'une de l'autre, & qu'elles sont plus grosses dans les faux que dans les vrais.

Que les lettres qui composent le mot JUIN sont très-courtes & serrées.

Que dans le chiffre 12, le chiffre 1 est plus court que le 2 qui le suit, & que ce chiffre 1 est en même temps très-épais.

Que dans le mot SEPTEMBRE, les deux lettres SE se touchent presque par le bas, & que le P qui suit est très-mal fait, que la boucle de ce P n'est point proportionnée au corps de la lettre.

Que dans le millésime 1791, le premier chiffre 1 est lourd & épais.

Que les chiffres 91 qui terminent le millésime, sont placés beaucoup plus bas que les deux chiffres 1 & 7 qui les précedent, & auxquels ils devroient être alignés; que le chiffre 9 touche de très-près le chiffre 1.

Que dans la ligne commençant par le mot *Hypothéqués*, la lettre *q* contenue dans ce mot, est très-courte & a l'air d'être applatie.

Que dans le mot REMBOURSEMENT qui

ſuit, les lettres R & S qui ſe trouvent placées dans le milieu du mot, ſont très-ſerrées l'une contre l'autre, & qu'elles ont l'air de ſe toucher par le haut.

Que les deux MM ſont beaucoup plus petites que les autres lettres du mot.

Que dans le mot ASSIGNATS, la lettre S qui termine le mot eſt très-petite & point proportionnée aux autres lettres du mot;

Que dans la même ligne, le premier *é* du mot *décret*, eſt ſurmonté d'un accent aigu qui touche preſque la boucle de la lettre.

Que la lettre *c* qui ſe trouve dans ce mot, eſt plus groſſe que toutes les autres lettres du mot.

Que dans la ligne du milieu, contenant les mots ASSIGNAT DE TROIS CENTS LIVRES, la lettre D du mot DE, qui ſe trouve au-deſſous de l'écuſſon, ſe termine par le bas par un trait horizontal qui coupe la rondeur du D.

Que, toujours dans la même ligne, la lettre I qui ſe trouve dans le mot TROIS, ſe renverſe viſiblement ſur la lettre S qui la ſuit.

Que dans le mot CENTS, la lettre N eſt beaucoup plus forte que les autres lettres du mot.

Que dans la ligne commençant par les mots *Il ſera payé*, les trois lettres *sss* contenues dans les mots *trois cents livres*, ne ſe reſſemblent point entre elles.

Que celle contenue dans le mot *livres* deſcend

plus bas que les autres lettres du mot, & que les lettres qui composent le mot, *livres*, ne sont point du tout alignées.

Que dans la même ligne, les deux lettres *ss* du mot *Caisse*, ne sont point alignées aux autres lettres du mot ; que ces deux lettres *ss* sont plus fortes qu'elles ne le sont dans les vrais assignats.

Que la lettre *e* qui termine le mot *Caisse* est très-petite, en comparaison des autres lettres auxquelles elle est jointe.

Que dans la ligne commençant par le mot *conformément*, le premier *é* du mot est très-petit, ce qui le fait paraître enterré entre les deux *mm* au milieu desquelles il est placé ; que les lettres *nt* qui terminent ce mot *conformément* se touchent presque.

Que, toujours dans la même ligne, au mot *décrets*, la lettre *é* est plus petite que les lettres *d* & *c* au milieu desquelles elle se trouve placée.

Que le second *e* du mot *décrets* est petit & point aligné par le bas aux autres lettres du mot, dans lequel il se trouve placé.

Que dans la même ligne, le chiffre 1 de la date 12 placé avant le mot *Septembre*, est très-court.

Que dans le millésime 1791 qui termine cette ligne, on remarque que les deux chiffres 91 sont placés plus bas que les chiffres 1 & 7 qui les précedent, & qu'ils sont en même tems très-près l'un de l'autre.

Que le chiffre 1 qui termine ce millésime est petit & écrasé.

Que l'espace inférieur contenu entre les deux petits traits perpendiculaires où sont insérés les mots TROIS CENTS LIVRES en petites capitales, est plus court d'une demie-ligne dans les faux assignats, qu'il ne l'est dans les vrais.

Que le timbre long du bas, placé du côté gauche, contenant les mots *trois cents* en toutes lettres, est plus court d'une demie-ligne tant en hauteur qu'en largeur, que ne l'est le même timbre dans les vrais assignats.

Que le mot GATTEAUX, inséré dans ce timbre sous les mots *trois cents*, est d'un caractere plus grand, & que les lettres sont plus maigres que ne le sont celles qui composent le même mot dans les vrais assignats.

Que le second timbre du bas, à droite, portant 300 en chiffres arabes, est aussi moins haut d'une demie-ligne que le même timbre des vrais assignats.

Que les chiffres arabes 300 sont plus maigres dans les faux assignats que les mêmes chiffres qui se trouvent dans les vrais.

Que les trois fleurs-de-lys, contenues dans le petit écusson rond inséré dans le timbre long du bas, à droite, sont un peu plus larges, & ne sont pas aussi pointues par le bas que celles qui sont dans les vrais assignats.

Que cet assignat, mesuré d'une des extrémités de

ses bordures de gauche à droite, est moins large d'une ligne & demie que les vrais assignats.

Que pareillement mesuré dans sa hauteur, il est plus court d'une demie-ligne que les vrais assignats.

De tout quoi nous avons dressé le présent procès-verbal, pour être, par Nous, Administrateur de la Caisse de l'Extraordinaire, adressé à tous les Corps Administratifs, Tribunaux, Juges de paix, & autres Officiers de Police de sûreté, conformément à la loi du 27 Février 1792. Et ont signé avec nous les dénommés ci-dessus, les jour, mois & an que dessus.

Signé à l'original. P. FIRMIN DIDOT, P. DIDOT *l'aîné*, GATTEAUX, LE COUTEULX & AMELOT.

ASSIGNAT DE 300 liv.

L'AN mil sept cent quatre-vingt-douze, quatrieme de la Liberté, le quatre Avril, Nous Commissaire du Roi, Administrateur de la Caisse de l'Extraordinaire, après avoir réuni MM. le Couteulx, trésorier de la Caisse de l'Extraordinaire; Ferrier, directeur de la fabrication des Assignats; Gatteaux, graveur; Pierre Didot, imprimeur, & Firmin Didot, fondeur en caracteres d'imprimerie, à l'effet de vérifier & constater les marques caractéristiques de falsification d'assignats de trois cents livres, de la création des 19 Juin & 12 Septembre 1791, qui viennent de paraître ; après avoir rapproché & comparé entr'eux un faux assignat & un vrai, nous avons reconnu,

Que dans le faux assignat, dans le mot ASSIGNAT qui se trouve dans la ligne insérée entre les filets de la partie supérieure qui désigne l'indication de la création, la syllabe GNAT est composée de lettres plus fortes que ne le sont celles ASSI, qui forment le commencement du mot.

Que les autres mots, DE LA CRÉATION DES 19 JUIN ET 12 SEPTEMBRE 1791, sont composés de lettres plus fortes dans les faux Assignats, que ne le sont celles qui composent les mêmes mots dans les vrais.

Que dans les faux, les chiffres 9 contenus dans le millésime 1791 & dans la date 19 qui se trouvent dans la même ligne, ne se ressemblent point entre eux.

Que le chiffre 9 contenu dans le millésime 1791, est plus fort que celui de la date 19.

Que dans la premiere ligne qui contient les mots DOMAINES NATIONAUX en lettres fleuronnées, le mot DOMAINES, à prendre du milieu du trait perpendiculaire qui commence la lettre D, jusqu'au ventre de la lettre S, est plus court d'une ligne que dans les vrais.

Que le mot NATIONAUX aussi en lettres fleuronnées, à prendre du premier jambage de la lettre initiale N, jusqu'au dernier empâtement du trait transversal qui termine le second jambage de la lettre X, se trouvent aussi d'une ligne plus court que dans les vrais.

Que dans la seconde ligne dans laquelle sont insérés les mots *Hypothéqués au remboursement des Assignats*, l'y du mot *Hypothéqués* touche presque à la lettre *H* petite capitale qui commence le mot.

Que les queues des lettres *p* & *q* sont très-courtes, ce qui rend les deux lettres défigurées.

Que la lettre *d* du mot *des*, contenu dans la même ligne, est terminée à la partie supérieure de son trait perpendiculaire par un empâtement ou trait transversal qui outrepasse de chaque côté, tandis que dans les vrais Assignats, l'empâtement ou trait transversal n'est marqué que d'un seul côté, sans outrepasser le trait perpendiculaire.

Que dans la ligne du milieu, dans les mots ASSIGNATS DE TROIS CENTS LIV., les lettres S qui s'y rencontrent different entre elles; que sur-tout celle qui est à la terminaison du mot CENTS est plus épaisse que les autres.

Que les mots qui sont contenus dans les deux lignes suivantes, sont composés de lettres dont le caractere est plus haut & moins large que celui qui est employé dans les vrais Assignats.

Qu'on remarque sur-tout dans la ligne qui commence par le mot *conformément*, que les *p* qui se trouvent dans le mot *Septembre* qui y eſt deux fois, ſont très-courts, comparativement aux autres lettres de ce même mot *Septembre*.

Que dans cette même ligne, le corps du chiffre 6 qui ſe trouve dans la date 16, eſt ſerré, au lieu d'être arrondi.

Que l'effigie du Roi n'eſt nullement reſſemblante; que le nez ſur-tout eſt extrêmement allongé & point proportionné, ce qui n'exiſte point dans les vrais.

Que la chevelure qui tombe dans la partie inférieure de l'écuſſon, forme une échancrure très-marquée, tandis que dans les vrais cette échancrure eſt plus légere.

Qu'au ſurplus, on peut aiſément reconnoître cette eſpece d'Aſſignats, parce que dans leur largeur, en les meſurant d'un bout de vignette à l'autre, ils ſont plus courts de plus d'une ligne que les vrais.

Que tous les caractères des lettres ſont plus hauts & moins larges que ceux qui ſont employés dans les vrais.

Que le timbre ſec y eſt très-mal exécuté.

Et qu'en général, on peut s'appercevoir facilement de la différence qui exiſte dans ces Aſſignats, parce qu'ils ſont gravés en taille-douce.

De tout quoi nous avons dreſſé procès-verbal, pour être par nous commiſſaire du roi, adminiſtrateur de la caiſſe de l'extraordinaire, adreſſé à tous les corps adminiſtratifs, tribunaux, juges de paix &

autres officiers de police de sûreté, conformément à la loi du 27 Février 1792. Et ont ſigné avec nous, les dénommés ci-deſſus, les jour & an que deſſus.

LE COUTEULX; GATTEAUX; P. DIDOT *l'aîné;* FIRMIN DIDOT; FERRIER; AMELOT.

ASSIGNAT DE 200 liv.

L'AN mil ſept cent quatre-vingt-douze, quatrieme de la Liberté, le onze Août, Nous adminiſtrateur de la caiſſe de l'extraordinaire, après avoir réuni MM. *le Couteulx*, tréſorier de la caiſſe de l'extraordinaire; *Gatteaux*, graveur; *Pierre Didot*, imprimeur, & *Firmin Didot*, fondeur en caracteres d'imprimerie, à l'effet de vérifier & conſtater les marques caractériſtiques de falſification d'Aſſignats de deux cents livres, de la création du 30 Avril 1792, qui viennent de paraître; Après avoir rapproché & comparé entre eux un faux Aſſignat & un vrai, Nous avons reconnu,

Que la partie ſupérieure contenant la ligne compoſée des mots ASSIGNAT DE LA CRÉATION DU 30 AVRIL 1792, eſt plus longue d'une bonne ligne dans les faux que dans les vrais, en meſurant de l'un à l'autre des deux petits traits perpendiculaires qui accompagnent la vignette.

Que dans le mot ASSIGNAT contenu dans la même ligne, la lettre I qui s'y rencontre est plus grande que toutes les autres lettres du mot.

Que cette même lettre I est surmontée, du côté gauche, d'un petit empâtement qui ne traverse point la lettre.

Que dans le même mot ASSIGNAT, la lettre G porte un empâtement horizontal dans le milieu de la lettre, qui est très-alongé à l'extérieur.

Que dans le mot CRÉATION, toujours dans la même ligne, l'accent aigu de la lettre É est très-large & touche presque la lettre, tandis que dans les vrais il est très-fin & en est très-séparé.

Que le chiffre 3 de la date 30 est très-épais, sur-tout dans la barre du haut, ainsi que le zéro qui suit.

Que dans le millésime 1792, le chiffre 1 est surmonté d'un empâtement qui se prolonge du côté du chiffre 7, tandis que dans les vrais le même empâtement ne s'étend point de ce côté.

Que la queue du chiffre 7 contenu dans le millésime 1792 est longue & épaisse, tandis que dans les vrais elle est fine & déliée.

Que le chiffre 2 qui termine ce millésime est plus étroit, sur-tout du bas, que celui qui se trouve dans les vrais, & qu'en même tems il est plus séparé du chiffre 9 qui le précede, qu'il ne l'est dans les vrais.

Que la ligne composée des mots DOMAINES

NATIONAUX,

NATIONAUX, en lettres fleuronnées, en la mesurant du premier trait perpendiculaire de la lettre D du mot DOMAINES, jusqu'au ventre de lettre S, se trouve plus longue d'une ligne dans les faux que dans les vrais.

Que dans le mot suivant NATIONAUX, les lettres A qui s'y rencontrent sont un peu plus élevées que les autres lettres du mot dans les faux qu'elles ne le sont dans les vrais.

Que dans la ligne suivante, qui commence par le mot *Hypothéqués*, les lettres *Hypot.* ne sont point alignées aux autres lettres du mot.

Que dans le même mot *Hypothéqués*, la lettre *p* est très-grosse & point proportionnée, qu'elle a par en bas des empatemens très-longs, & que les lettres *t* & *h* qui la suivent se touchent.

Que les deux accens aigus qui se trouvent sur les deux *é* de ce mot *Hypothéqués*, sont très-épais.

Que ces deux *é* ne se ressemblent point entr'eux; que le second a la tête beaucoup plus large que le premier, & se jette en avant sur la lettre *s* qui suit.

Que dans la même ligne la queue de la lettre *a* du mot *au* qui suit, s'avance jusques sous la lettre *u*.

Que dans la même ligne, au mot *remboursement*, la lettre *b* qui s'y trouve est très-mal faite, qu'elle est surmontée d'un côté d'un empâtement très-épais, tandis que dans les vrais l'empâtement est fin, & est posé également sur le jambage de la lettre.

Que dans la même ligne, dans le mot ASSIGNATS en petites capitales, la tête du G avance & descend beaucoup, ce qui ferme presqu'entiérement la lettre.

Que la lettre T de ce mot est très-serrée.

Que dans la même ligne, le *p* du mot *par*, porte trois empatemens qui sont extrêmement longs.

Que dans la ligne du milieu, contenant les mots ASSIGNAT DE DEUX CENTS liv., la distance qui existe entre les mots ASSIGNAT & DEUX CENTS, entre lesquels est placé le mot DE, est plus grande dans les faux assignats que celle qui existe dans les vrais.

Que les E des mots DEUX & CENTS ne se ressemblent pas; que la petite barre transversale du milieu est beaucoup plus remontée dans l'E du mot CENTS que dans celui du mot DEUX.

Que dans la même ligne, le v du mot liv. est plus grand que la lettre i qui le précede; que ce v surmonte cette lettre i par la pointe du premier jambage.

Que dans la ligne commençant par le mot *conformément*, la boucle de la lettre *e* de la syllabe *ment* est très-resserrée par en haut.

Que dans la même ligne, le pendentif du chiffre 7 contenu dans le milléfime 1790, est si allongé, qu'il touche presque par le bas l'empatement du chiffre 1.

Que dans la même ligne, dans le mot JUIN, la lettre U est près de la lettre J, & loin de la lettre I.

Qu'en général les chiffres & les lettres de l'assignat sont très-mal faits, & ne se ressemblent point les uns avec les autres.

Que dans l'effigie du Roi qui se trouve empreinte en noir au milieu de l'assignat, dans la partie supérieure, on remarque que le trait qui forme la bouche, au lieu d'être droit, remonte du côté du nez, ce qui n'existe pas dans les vrais.

Que le nez se termine en rond, tandis que dans les vrais il se termine par une pointe.

Que les lettres qui composent l'exergue LOUIS XVI, ROI DES FRANÇAIS, qui est autour de l'effigie, sont plus larges dans les faux que dans les vrais.

Que dans le timbre long du bas, du côté gauche, portant les mots *Deux Cents* en toutes lettres, on remarque que les lettres *D* du mot *Deux* & *C* du mot *Cents*, ne ressemblent point aux mêmes lettres qui se trouvent dans les vrais.

Que dans les faux, ces lettres *D* & *C* sont plus maigres & les ornemens plus compliqués que ceux qui sont dans les vrais, ce qui se remarque sur-tout dans le *C*.

Que les fleurs de lys contenues dans le petit losange qui accompagne le timbre long du bas, portant 200 en chiffres arabes, sont plus maigres & plus élancées que celles qui se trouvent dans les vrais.

Que les mots LA LOI ET LE ROI contenus dans le second petit losange du côté droit du même timbre, sont infiniment plus maigres que les mêmes mots qui se trouvent dans les vrais assignats.

Qu'en général tout ce qui est gravure dans ces faux assignats, soit l'effigie du Roi, les deux timbres du bas & la vignette qui sert d'encadrement au corps de l'assignat, sont très-mal exécutés, ce qui se remarque particuliérement dans les fleurs de lys qui se trouvent renfermées dans la vignette qui forme encadrement.

Que le papier de cet assignat est très-mou au toucher, & qu'il se ramollit au point de se déchirer très-facilement.

De tout quoi nous avons dressé procès-verbal, pour être par Nous, Administrateur de la Caisse de l'Extraordinaire, adressé à tous les Corps administratifs, Tribunaux, Juges de Paix & autres Officiers de police de sûreté, conformément à la Loi du 27 Février 1792. Et ont signé avec Nous les dénommés ci-dessus, les jour & an que dessus.

Signé FIRMIN DIDOT, P. DIDOT l'aîné, LE COUTEULX, AMELOT, GATTEAUX.

ASSIGNAT DE 5 liv.

L'AN mil ſept cent quatre-vingt-douze, l'an 4e. de la Liberté, le vingt-deux Mai, à huit heures du matin, Nous Commiſſaire du Roi, Adminiſtrateur de la Caiſſe de l'Extraordinaire, après avoir réuni MM. le Couteulx, tréſorier de la Caiſſe de l'Extraordinaire; Ferrier, directeur de la fabrication des Aſſignats; Gatteaux, graveur; Pierre Didot, imprimeur, & Firmin Didot, fondeur en caracteres d'imprimerie, à l'effet de vérifier et conſtater les marques caractériſtiques de falſification d'un Aſſignat de cinq livres, Création du 6 Mai 1791; après avoir rapproché cet Aſſignat faux d'un vrai, nous avons reconnu que dans l'eſpace ſupérieur entre les vignettes, qui contient la deſignation de la Création, la rondeur du chiffre 5 livres eſt beaucoup plus grande que le mot DE qui précede, tandis que dans les vrais la rondeur eſt égale aux lettres qui le précedent. Que le chiffre 7 du milléſime 1791 n'a pas le pendentif initial, comme il ſe trouve dans les vrais.

Que dans la ligne ſuivante, commençant par le mot DOMAINES, la pointe qui forme un V dans la lettre M, n'eſt pas dans le milieu de la lettre, & ſe touve plus près du jambage plein du côté de la lettre A qui la ſuit. Que dans le mot

NATIONAUX, la lettre U est en général serrée, & sur-tout du bas.

Que dans la ligne qui contient les mots ASSIGNAT DE CINQ liv., la lettre A du mot Assignat où se trouvent les mots *la loi & le roi* est plus courte que celle des vrais Assignats, ce qui lui donne un air large. Que les mots *la loi & le roi* qui sont contenus dans cette lettre A, sont en général mal faits, & que sur-tout la lettre *e* du mot *&* est très-éloignée de la lettre *t*.

Que la lettre G du mot Assignat, est applatie par en haut.

Que dans le même mot la lettre A de la derniere syllabe GNAT, a la barre très-élevée.

Que dans la même ligne la lettre *r* du mot *livres* a le bouton très-court & ne s'aligne pas à la hauteur de la lettre, ce qui la rend très-difforme.

Que dans la ligne suivante commençant par ces mots *payable au Porteur*, la lettre *r* est tellement éloignée de la lettre *t*, que par la division de syllabes le mot semble en faire deux.

Que dans la même ligne, dans les mots en romain *Caisse de l'Extraordinaire*, il n'y a nul alignement, & qu'en général les lettres sont très-mal faites, sur-tout les *a* qui sont d'une mauvaise forme & de différentes grandeurs entr'eux.

Que dans le mot *Extraordinaire*, le premier *a* est très-rapproché par en haut de la lettre *r* qui le précede.

Que les lettres de ce même mot *Extraordinaire* sont plus petites que celles qui sont dans les vrais, ce qui rend le mot plus court dans les faux que dans les vrais.

Qu'en général l'Assignat faux est plus court que les vrais, d'une ligne au moins, tant en hauteur qu'en largeur.

Que dans le timbre à l'encre qui porte le chiffre arabe 5 ₶, les mots *la loi le roi* renfermés dans le petit écusson sont d'un caractere plus petit que dans les vrais.

Que dans les vignettes de gauche & de droite, les petites parties noires qui s'y trouvent ne présentent pas la forme d'un losange comme dans les vrais.

Que le timbre sec est plus grand que celui des vrais, & que dans la bordure de ce timbre sec, qui est composé d'un lys & d'une fleur de lys, on remarque un filet en relief qui les joint ensemble, tandis que dans les vrais il n'existe pas.

Que le portrait du timbre sec n'est nullement ressemblant.

De tout quoi nous avons dressé procès-verbal, pour être par Nous, Commissaire du Roi, Administrateur de la Caisse de l'extraordinaire, adressé à tous les Corps administratifs, Tribunaux, Juges de Paix & autres Officiers de Police de sûreté, conformément à la loi du 27 Février 1792. Et ont figné avec nous, les dénommés ci-dessus, les jour, mois & an que dessus.

LE COUTEULX, GATTEAUX, PIERRE DIDOT *l'aîné*, FIRMIN DIDOT, FERRIER, AMELOT.

ASSIGNAT DE 5 liv.

L'AN mil sept cent quatre-vingt-douze, quatrieme de la Liberté, le vingt-deux Mai, Nous, Commissaire du Roi, Administrateur de la Caisse de l'Extraordinaire, après avoir réuni MM. le Couteulx, Trésorier de la Caisse de l'Extraordinaire; Ferrier, Directeur de la fabrication des Assignats; Gatteaux, graveur; Pierre Didot, imprimeur; & Firmin Didot, fondeur en caracteres d'imprimerie, à l'effet de vérifier & constater les marques caractéristiques de falsification d'assignats de Cinq livres, de la création du 28 Septembre 1791, qui viennent de paroître; après avoir rapproché & comparé entre eux un faux assignat & un vrai, nous avons reconnu, que dans le faux assignat, on remarque dans la ligne insérée entre les deux filets qui forment la partie supérieure de l'assignat, que le chiffre 5 est plus fort que celui des vrais assignats, & que la tête de ce chiffre est plus raccourcie dans les faux que dans les vrais.

Que dans la même ligne, le chiffre 8 de la date 28 est d'un tiers plus court que dans les vrais assignats.

Que dans cette même ligne, la lettre P qui se trouve dans le mot SEPT est coupée, c'est-à-dire, que la boucle ne rejoint pas le trait perpendiculaire ou jambage, comme il faut qu'il soit pour former un P.

Que dans cette même ligne les chiffres 7 & 9 qui composent le millésime 1791, ne sont point en ligne, & montent beaucoup, ce qui est très-apparent, sur-tout pour le chiffre 9.

Que la distance entre les deux filets de la partie supérieure dans les faux est de 3 lignes, tandis que dans les vrais elle n'est que de deux lignes & demie & un peu plus.

Que les caractères des mots ASSIGNAT DE CINQ livres, ne sont pas nets.

Que dans la ligne commençant par le mot *payable* en lettres italiques, le trait perpendiculaire ou jambage de la lettre *p* du mot *payable*, est plus court que dans les vrais.

Que dans la même ligne, le *t* qui se trouve dans le mot *porteur* en lettres italiques, est aligné aux lettres *t* & *e* entre lesquelles il est placé, tandis qu'il devroit outrepasser ces deux lettres, comme on le voit dans les vrais assignats.

Que dans la même ligne, le *p* du mot *par* est très-court, & semblable à celui du mot *payable* dont on a déja parlé.

Que les filets intérieurs qui forment encadrement, sont réunis à tous les angles, sans interruption, tandis que dans les vrais ces filets ſont interrompus aux angles.

Que l'impreſſion eſt moins nette dans les faux aſſignats que dans les vrais.

Que dans la ſignature *Corſet*, la tête de la lettre *ſ* du mot eſt moins penchée à droite que dans les vrais, & que la liaiſon qui réunit la lettre *ſ* à la lettre *e* eſt rompue.

Que le timbre ſec eſt moins apparent dans les faux que dans les vrais, & que les détails de la gravure y ſont moins ſaillans.

Qu'en général toutes les lettres & les gravures des vignettes different viſiblement de celles des vrais Aſſignats, en ce que ces lettres & ces vignettes ſont dans les faux d'un trait plus léger & moins fortement marquées que celles des vrais, ce qui donne à ces faux Aſſignats un ton de couleur moins noir que celui qui frappe la vue dans les vrais au premier coup-d'œil.

De tout quoi nous avons dreſſé procès-verbal, pour être, par Nous, Commiſſaire du Roi, Adminiſtrateur de la Caiſſe de l'Extraordinaire, adreſſé à tous les Corps Adminiſtratifs, Tribunaux, Juges de paix & autres Officiers de police de ſûreté, conformément à la loi du 27 Février 1792. Et ont ſigné avec nous les dénommés ci-deſſus, les jour & an que deſſus.

LE COUTEULX, GATTEAUX, PIERRE DIDOT *l'aîné*, FIRMIN DIDOT, FERRIER, AMELOT.

ASSIGNAT DE 5 liv.

L'AN mil ſept cent quatre-vingt-douze, l'an 4e. de la Liberté, le vingt-deux Mai, Nous Commiſſaire du Roi, Adminiſtrateur de la Caiſſe de l'Extraordinaire, après avoir réuni MM. le Couteulx, treſorier de la Caiſſe de l'Extraordinaire; Ferrier, directeur de la fabrication des Aſſignats; Gatteaux, graveur; Pierre Didot, imprimeur, & Firmin Didot, fondeur en caracteres d'imprimerie, à l'effet de vérifier & conſtater les marques caractériſtiques de falſification d'Aſſignas de cinq livres, de la création du 6 Mai 1791, qui viennent de paroître; Après avoir rapproché & comparé entr'eux un Aſſignat faux & un vrai, Nous avons reconnu qu'à prendre du premier filet ſupérieur au ſecond filet inférieur qui forment encadrement, le corps de l'Aſſignat eſt moins haut de deux lignes que les vrais.

Que le faux eſt moins large que les vrais.

Que dans les faux les lettres qui forment le mot ASSIGNAT placé dans la ligne entre les filets ſupérieurs, ſont plus grandes & plus épaiſſes que celles qui forment le même mot dans les vrais.

Que dans la même ligne les lettres du mot DE qui ſuit, ſont pareillement plus grandes & plus épaiſſes dans les faux que dans les vrais.

Que dans la même ligne le chiffre 5 indicatif de la ſomme, eſt plus grand, plus gros & plus épais que dans les vrais ; que la boucle du corps du chiffre qui termine en se recourbant, outrepasse de près d'une demi-ligne la naissance de la queue du chiffre, tandis que dans les vrais elle y est presque alignée.

Que le trait qui forme la queue du 5 est perpendiculaire, tandis que dans les vrais elle a une inclinaison marquée.

Que les mots CRÉÉ LE 6 MAI 1791, contenus dans la même ligne, sont aussi plus grands & plus épais que les mêmes mots qui se trouvent dans les vrais.

Que la lettre I qui est dans le mot MAI, est lourde, qu'elle est surmontée d'un empatement & terminée aussi par un empatement qui sont tous deux très-alongés & très-lourds, tandis que dans les vrais les empatemens qui surmontent & terminent les I, sont très-fins & point alongés.

Que le chiffre 1 initial du millésime 1791, commence à droite par un trait alongé qui se termine à la tête du chiffre, tandis que dans les vrais, la tête du chiffre est formée d'un empatement léger ou trait qui traverse des deux côtés.

Que, la ligne suivante composée des mots DOMAINES NATIONAUX, à prendre du trait inférieur qui forme la terminaison de la lettre D, au point qui se trouve après le mot NATIONAUX, se trouve plus grande de près d'une ligne dans les faux que dans les vrais.

Que les lettres qui composent les mots DOMAINES NATIONAUX, sont plus lourdes & plus epaisses que dans les vrais.

Que dans le mot NATIONAUX, la derniere syllabe NAUX n'est point du tout alignée; que les quatre lettres qui forment cette syllabe NAUX font le zigzag, ce qui vient de ce que la lettre A qui s'y rencontre est plus grande qne les autres lettres de la ligne.

Que la ligne suivante, composée des mots ASSIGNAT DE CINQ *livres*, à droite de l'extrêmité de l'empâtement du premier jambage de la lettre A, jusqu'au ventre de la lettre *s* du mot *livres*, est plus courte de près d'une ligne dans les faux que dans les vrais.

Que la lettre A du mot Assignat, dans laquelle sont contenus ces mots *la loi & le roi*, est plus grande dans le faux que dans les vrais, ce qui lui donne un air maigre; que le second jambage dans lequel sont inscrits les mots *la loi & le roi*, est très-resserré, tandis que dans les vrais il est très-espacé.

Que dans le second jambage, dans les mots *la loi & le roi* qui y sont inscrits, il n'y a que les mots *la loi &*, qui soient lisibles; que les autres, *le roi*, sont très-embrouillés; qu'on ne peut pas distinguer s'il y a *le*, & que la premiere lettre qui compose le mot *roi*, ressemble plutôt à un *g* qu'à une *r*, au lieu que dans les vrais, ces mots, *la loi & le roi*, sont très lisibles.

Que les mots, *payable au Porteur par la Caisse de l'Extraordinaire*, qui composent la ligne suivante, sont d'un caractere plus fort dans les faux assignats que celui des mêmes mots dans les vrais.

Que dans cette même ligne, la tête de la lettre *d* du mot *de*, n'a point d'empatement ou trait transversal, tandis que cet empatement existe dans les vrais.

Que dans la même ligne, la lettre *E* initiale du mot *l'Extraordinaire*, est alongée, que le trait qui partage l'*E*, au lieu de se trouver dans le milieu de la lettre, est très-rapproché de la tête de la lettre, ce qui la rend irréguliere.

Que ce mot *l'Extraordinaire*, va en zigzag, tandis que dans les vrais il est aligné.

Que le timbre sec y est fort mal exécuté, & qu'il est plus grand d'une bonne ligne que dans les vrais.

Que dans le petit timbre noir placé à gauche au bas de l'assignat, & qui porte ces mots *Cinq liv.* en lettres blanches, la lettre *n* du mot *Cinq* n'est formée que de deux traits qui ne sont point liés par le haut comme le doivent être les *n*.

Que dans le même timbre, le G du mot GATTEAUX n'y est point tout entier, & que les caracteres du mot sont plus gros que dans les vrais.

Que dans le second petit timbre noir placé à droite de l'assignat, & qui porte le chiffre 5# en blanc, ce chiffre dans les faux peut à peine s'aperçevoir ; que ce qu'on y découvre fait voir que le chiffre eſt très-mal fait ; qu'on y remarque que la queue de ce chiffre eſt perpendiculaire, au lieu que dans celui qui eſt dans les vrais la queue a une légere inclinaiſon.

Que dans le petit timbre noir on ne voit point à côté du chiffre cinq, les deux petits traits barrés ₶ qui ſignifient livres, tandis qu'ils ſe trouvent dans les vrais.

De tout quoi, Nous avons dreſſé le préſent procès-verbal pour être, par Nous, Commiſſaire du Roi, Adminiſtrateur de la Caiſſe de l'Extraordinaire, adreſſé à tous les Corps adminiſtratifs, Tribunaux, Juges de paix, & autres Officiers de Police de ſûreté, conformément à la Loi du 27 Février 1792. Et ont ſigné avec Nous, les dénommés ci-deſſus, les jour & an que deſſus.

LE COUTEULX, GATTEAUX, PIERRE DIDOT *l'aîné*, FIRMIN DIDOT, FERRIER, AMELOT.

ASSIGNAT DE 5 liv.

L'AN mil ſept cent quatre-vingt-douze, quatrieme de la Liberté, le vingt-deux Mai, Nous, Commiſſaire du Roi, Adminiſtrateur de la Caiſſe de l'Extraordinaire, après avoir réuni MM. le Couteulx, Tréſorier de la Caiſſe de l'Extraordinaire ; Ferrier, Directeur de la fabrication des Aſſignats ; Gatteaux,

Graveur ; Pierre Didot , Imprimeur ; & Firmin Didot, Fondeur en caractères d'imprimerie, à l'effet de vérifier & constater les marques caractéristiques de falsification d'Assignats de Cinq livres , de la création du 6 Mai 1791 , qui ont paru ; après avoir rapproché un faux d'un vrai, Nous avons reconnu que dans les faux assignats, le mot ASSIGNAT placé entre les filets de la partie supérieure, va en zigzag.

Que dans l'indication de la somme, le chiffre 5 au lieu d'aligner avec les autres lettres, les dépasse par en bas de tout le corps du chiffre.

Que le mot CRÉÉ va en zigzag.

Que dans le millésime 1791 , le chiffre 9 est d'une grandeur & d'une grosseur ridicules.

Que les mots DOMAINES NATIONAUX , qui suivent, forment une ligne absolument vicieuse.

Que le premier A du mot NATIONAUX est plus petit & plus bas que les autres lettres.

Que les lettres formant les mots *la loi & le roi*, renfermés dans le second jambage de la lettre A du mot ASSIGNAT , sont tellement confuses, qu'on peut à peine reconnoître chaque lettre, sur-tout celles des mots *la loi &*.

Que dans la même ligne , la lettre Q du mot CINQ , en capitales, est beaucoup plus basse que la lettre N.

Que dans la ligne qui commence par ces mots *payable au porteur*, toutes les lettres italiques qui

la

la composent, sont presque droites au lieu d'être inclinées.

Que dans le mot *Extraordinaire*, la lettre initiale *E* qui devroit être grande capitale, n'est pas plus grande que les autres lettres du mot.

Que les vignettes sont très-mal exécutées.

Que les fleurs de lys qui environnent les petits médaillons des bordures supérieure & inférieure sont pleines au lieu d'être tracées.

Que les petits médaillons qui se trouvent placés deux à deux dans les bordures supérieure & inférieure de l'encadrement, n'ont point de formes régulieres.

Que le timbre sec est plus grand que celui des vrais assignats.

Qu'en général il est facile de reconnoître ces faux assignats de Cinq livres; à la mauvaise impression, à l'irrégularité du dessin & à la teinte du papier qui tire un peu sur l'azur, & que le papier ressemble plus à du carton qu'à du papier.

De tout quoi Nous avons dressé procès-verbal, pour être, par Nous Commissaire du Roi, Administrateur de la Caisse de l'Extraordinaire, adressé à tous les Corps administratifs, Tribunaux, Juges de Paix & autres Officiers de Police de sûreté, conformément à la Loi du 27 Février 1792.

Et ont ſigné avec Nous les dénommés ci-deſſus, les jour & an que deſſus.

LE COUTEULX, GATTEAUX, PIERRE DIDOT *l'aîné*, FIRMIN DIDOT, FERRIER, AMELOT.

ASSIGNAT DE 5 liv.

L'AN mil ſept cent quatre-vingt-douze, l'an 1er. de la République françaiſe, le cinq Octobre, à dix heures du matin; Nous, Directeur-général de la fabrication des Aſſignats, après avoir réuni MM. Gatteaux, graveur; Pierre Didot, Imprimeur; & Firmin Didot, fondeur en caracteres d'imprimerie, à l'effet de vérifier & conſtater les marques caractériſtiques de falſification d'Aſſignats de cinq livres de la Création du premier Novembre 1791. Après avoir rapproché cet Aſſignat faux d'un vrai, Nous avons reconnu:

Que dans l'eſpace ſupérieur entre les vignettes, qui contient la déſignation de la création, le petit ſigne déſignant le mot LIVRES, qui ſe trouve après le chiffre 5, eſt très-ſerré, ce qui ne ſe trouve pas dans les vrais Aſſignats.

Que dans la ſeconde ligne contenant les mots DOMAINES NATIONAUX, les empâtemens de preſque toutes les lettres compoſant cette ligne, ſont fort longs & inégaux entr'eux, & ſont tels, que toutes les lettres ſemblent ſe toucher entr'elles.

Que dans le mot DOMAINES, les pleins des lettres I & N qui s'y rencontrent, ſont maigres & tremblés.

Que dans le mot NATIONAUX, les deux N qui s'y trouvent ne ſe reſſemblent pas, la premiere étant plus étroite, & la ſeconde ayant l'empatement du côté de l'A ridiculement prolongé.

Que toujours dans le mot NATIONAUX, la barre tranſverſale des deux A qui s'y rencontrent, n'eſt point placée au milieu de ces deux lettres, & eſt au contraire très-inclinée vers le bas.

Que dans la ſyllabe AUX du mot NATIONAUX, la lettre A eſt fort large, & très-rapprochée de la lettre U.

Que la lettre X qui termine la ſyllabe AUX, manque totalement par en bas des empatemens néceſſaires à ſa perfection.

Que dans la ligne renfermant les mots ASSIGNAT DE CINQ LIVRES, le plein de la lettre initiale A du mot *Aſſignat* eſt très-maigre.

Que dans le mot LIVRES qui ſe trouve dans la même ligne, les lettres LI ſe touchent par en bas par un empatement.

Que la lettre L n'eſt point proportionnée, qu'elle eſt plus groſſe par en bas que par en haut.

Que dans les vignettes les fleurs-de-lys qui s'y trouvent, ſont beaucoup plus fortes que dans les vrais Aſſignats, & qu'elles different entr'elles par leur forme.

Que dans le timbre placé à gauche, où ſont renfermés ces mots CINQ LIVRES, le ſecond jambage de la lettre V eſt plus court, & par conſéquent point aligné avec le premier.

Que l'eſpace inférieur entre les deux petits triangles renfermant ces mots CINQ LIVRES, eſt plus large d'une ligne dans les faux Aſſignats qu'il ne l'eſt dans les vrais.

Que meſuré dans ſa hauteur, l'Aſſignat faux eſt plus court d'une bonne ligne que l'Aſſignat vrai.

De tout quoi nous avons dreſſé Procès-verbal, pour être, par nous Directeur-general de la fabrication des Aſſignats, adreſſé à tous les Corps Administratifs, Tribunaux, Juges de Paix & autres Officiers de Police de ſûreté, conformément à la loi du 27 Février 1792. Et ont ſigné avec nous les dénommés ci-deſſus, les jour & an que deſſus.

Signé FIRMIN DIDOT, P. DIDOT l'aîné, GATTEAUX, & DE LA MARCHE.

ASSIGNAT DE 5 liv.

L'AN mil ſept cent quatre-vingt-douze, l'an premier de la République françaiſe, le vingt-trois Octobre, à onze heures du matin, Nous Directeur-général de la fabrication des Aſſignats, après avoir réuni les Citoyens Gatteaux, graveur; Pierre Didot, imprimeur, & Firmin Didot, fondeur en caractères d'imprimerie, à l'effet de vérifier & constater les marques caractéristiques d'un Assignat de cinq livres de la création du 10 Juin 1790. Après avoir rapproché cet Assignat faux d'un vrai, nous avons reconnu,

Que l'espace supérieur entre les vignettes contenant la désignation de la création, est plus court d'une bonne ligne que celui qui se trouve dans les vrais Assignats.

Que dans cet espace supérieur, le petit signe désignant le mot LIVRES qui se trouve après le chiffre 5, est très-embrouillé & forme un empâtement considérable.

Que dans le millésime 1790, le chiffre 7 qui se trouve entre le 1 & le 9 est très-court & par conséquent point aligné avec les autres.

Qu'en général dans cette ligne les lettres qui la composent ne sont point alignées & semblent se toucher par des empâtemens.

Que dans la seconde ligne contenant les mots DOMAINES NATIONAUX, les lettres composant cette ligne ne sont point alignées entr'elles.

Que dans le mot NATIONAUX, les deux lettres A qui s'y trouvent sont fort éloignées des lettres N qui les précédent.

Que dans la lettre X qui termine le mot NATIONAUX, le second jambage est plus court que le premier.

Que dans la ligne renfermant les mots ASSI-

GNAT DE CINQ LIVRES, la lettre initiale du mot Assignat est très-embrouillée.

Que les mots *la loi & le roi*, renfermés dans cette lettre initiale, sont d'un caractere plus fort que celui des vrais Assignats.

Qu'en général dans cette ligne toutes les lettres sont embrouillées & serrées les unes contre les autres.

Que le timbre sec représentant l'effigie du roi est mal exécuté & se trouve moins large d'une ligne dans les faux Assignats que dans les vrais.

Que dans les vignettes, les fleurs de lys qui s'y rencontrent, sont mal exécutées & different entr'elles par leur forme.

Que le timbre placé à gauche, où sont renfermés ces mots CINQ LIVRES, est moins large d'une bonne ligne & demie que celui qui se trouve dans les vrais Assignats.

Que le mot *Gatteaux* qui s'y trouve, est presqu'imperceptible par la maniere ridicule dont il est gravé.

Que le second timbre placé à droite, est moins haut d'une demi-ligne que celui qui se trouve dans les vrais Assignats.

Que les mots *la loi & le roi* renfermés dans le petit écusson à droite sont presqu'imperceptibles.

Que l'espace inférieur entre les deux petits triangles, renfermant ces mots CINQ LIVRES, est plus large d'une ligne & demie dans les faux Assignats qu'il ne l'est dans les vrais.

Que la lettre S qui termine le mot LIVRES, n'eſt point alignée & s'éleve conſidérablement au-deſſus de la lettre E qui la précede.

Que meſuré dans ſa hauteur, l'Aſſignat faux eſt plus court d'une bonne ligne que l'Aſſignat vrai.

Que pareillement meſuré dans ſa largeur, il ſe trouve moins large d'une ligne que l'Aſſignat vrai.

Que les filigrannes qui ſe trouvent dans le corps du papier des vrais Aſſignats, ne ſont pas apparentes dans les faux.

De tout quoi nous avons dreſſé procès-verbal, pour être par nous Directeur-général de la fabrication des Aſſignats, adreſſé à tous les Corps adminiſtratifs, Tribunaux, Juges de paix & autres Officiers de police de sûreté, conformément à la loi du 27 Février 1792. Et ont ſigné avec nous, les dénommés ci-deſſus, les jour & an que deſſus.

Signé GATTEAUX; FIRMIN DIDOT; PIERRE DIDOT *l'aîné;* & DE LA MARCHE.

ASSIGNAT DE 5 liv.

L'AN mil ſept cent quatre-vingt-douze, l'an premier de la République françaiſe, le vingt-ſix Octobre, à onze heures du matin; nous Directeur-général de la fabrication des Aſſignats, après avoir réuni les Citoyens Gatteaux, graveur; Pierre Didot, imprimeur, & Firmin Didot, fondeur en caracteres d'imprimerie, à l'effet de vérifier & conſtater les signes caractéristiques d'un Assignat de cinq liv. de la création du 10 Juin 1790. Après avoir rapproché cet Assignat faux d'un vrai, Nous avons reconnu;

Que dans l'espace supérieur entre les vignettes, contenant la désignation de la création, dans le mot ASSIGNAT qui s'y rencontre, les deux SS du mot ASSIGNAT sont extrêmement maigres.

Que dans le mot ASSIGNAT, la lettre I qui s'y rencontre, est très-maigre & manque des empatemens nécessaires à sa perfection.

Que toujours dans le même mot la lettre A de la syllabe NAT est éloignée des lettres N & T au milieu desquelles elle est placée.

Que toujours dans la même ligne, le petit signe désignant le mot LIVRES qui se trouve après le chiffre 5, est très-embrouillé.

Que dans le millésime 1790, le chiffre 7 qui se trouve entre les chiffres 1 & 9, est très-court & par conséquent point aligné avec les autres.

Qu'en général dans cette ligne les lettres sont maigres, & ne sont point alignées entr'elles.

Que dans la seconde ligne contenant les mots DOMAINES NATIONAUX, la lettre I qui se trouve dans le mot DOMAINES, est plus longue & plus forte que les autres lettres, & se ermine par un empâtement considérable.

Que dans le mot NATIONAUX, la lettre A de la premiere syllabe NAT, est très-éloignée de l'N qui la precede.

Que toujours dans le même mot, la fyllabe AUX eft ifolée de la lettre N qui la précede.

Qu'en général dans cette ligne toutes les lettres font ridiculement imprimées.

Que dans la ligne renfermant les mots ASSIGNAT DE CINQ LIVRES, le plein ouvert de la lettre initiale A, eft plus large que celui qui fe trouve dans les vrais Affignats.

Que les mots LA LOI ET LE ROI renfermés dans cette lettre initiale, font d'un caractere plus fort que celui des vrais affignats.

Que dans le fecond A du mot ASSSIGNAT, la barre tranfverfale eft prefqu'imperceptible, & qu'en général dans cette ligne les lettres font plus larges que celles des vrais affignats.

Que dans la ligne commençant par ces mots PAYABLE AU PORTEUR, toutes les lettres qui s'y trouvent font maigres & ne font point alignées entre elles.

Que dans le mot CAISSE, la feconde S de ce mot eft plus élevée que les deux lettres au milieu defquelles elle eft placée.

Que dans le mot EXTRAORDINAIRE, la lettre O qui s'y rencontre s'éleve au-deffus de toutes les autres.

Que toujours dans le même mot, l'N qui s'y trouve eft très-petite.

Que les lettres qui terminent ce mot, font toutes éloignées les unes des autres.

Que le timbre fec repréfentant l'effigie du roi, eft mal exécuté.

Que dans le timbre placé à gauche, les mots CINQ LIV. & le nom GATTEAUX sont rendus imperceptibles par la maniere ridicule dont ils sont gravés.

Que dans le timbre à droite, les deux petits écussons renfermant trois fleurs-de-lys, & ces mots LA LOI ET LE ROI, sont imperceptibles.

Que l'espace inférieur entre les deux petits triangles, renfermant ces mots CINQ LIVRES, est plus large d'une ligne dans les faux assignats qu'il ne l'est dans les vrais.

Que la lettre S qui termine le mot LIVRES, est très-maigre & s'éleve de beaucoup au dessus des autres.

Que dans les vignettes l. s fleurs-de-lys qui s'y trouvent, sont beaucoup plus fortes que dans les vrais assignats, & qu'elles different entr'elles par leur forme.

Que mesuré dans sa hauteur, l'assignat faux est plus court d'une bonne ligne que l'assignat vrai.

Que cet assignat faux est imprimé sur papier commun.

Que les filigrannes qui existent dans le corps du papier des vrais assignats ne se trouvent pas dans celui des faux assignats.

De tout quoi nous avons dressé procès-verbal, pour être, par Nous Directeur-général de la fabrication des Assignats, adressé à tous les Corps Administratifs, Tribunaux, Juges de paix, & autres Officiers de Police de sûreté, conformément à la loi du 27 Février 1792. Et ont signé avec nous les dénommés ci-dessus, les jour & an que dessus.

Signé GATTEAUX, FIRMIN DIDOT, P. DIDOT *l'aîné*, & DE LA MARCHE.

RAPPORT

AU NOM DES COMITÉS DES FINANCES, DES RAPPORTS ET DES ASSIGNATS, RÉUNIS.

MESSIEURS,

NOUS avions été informés, il y a quelque tems, que des faussaires hardis avoient essayé de contrefaire des assignats. Quelques-uns de ces assignats ont été apperçus dans la circulation, mais en petit nombre; l'imitation étoit grossiere, les auteurs ont été découverts & livrés à la justice.

Une nouvelle tentative vient de nous être dénoncée; elle a porté sur les effets les plus précieux, ceux de la plus haute valeur, les assignats de deux mille livres. Plusieurs de ces assignats contrefaits sont déposés au Comité des rapports ; il a été averti qu'il en existe une plus grande quantité qui peut encore s'échapper dans la circulation.

Vos Comités réunis ont pensé qu'il étoit de leur devoir d'avertir du danger, & que, pour prévenir l'erreur dans laquelle peuvent tomber les personnes peu instruites, il falloit publier une description exacte de ces assignats faux, d'après laquelle on puisse aisément les reconnoître.

Les caracteres généraux des assignats nationaux sont la beauté du papier, la vignette intérieure & la somme écrite dans la pâte ; une belle disposition dans l'impression, la grande pureté & perfection des caracteres d'imprimerie, l'espacement régulier des lettres, l'exactitude du dessin des timbres & vignettes.

Le faussaire n'atteint point à ce but difficile, & s'il a pu exécuter quelque partie, l'ensemble est toujours défectueux.

Lors donc qu'un assignat est présenté, il faut examiner d'abord cet ensemble, & ensuite détailler chaque partie.

C'est ainsi qu'on parvient facilement à connoître son mérite.

Nous énumérons ici l'un après l'autre les caracteres de défectuosités & de différences qui paroissent les plus sensibles.

1o. La dimension d'un assignat de 2,000 livres bon, est de sept pouces une ligne de large, pied de roi, sur cinq pouces de hauteur.

Les faux connus n'ont que six pouces onze lignes sur quatre pouces onze lignes.

2°. La totalité de l'impression des faux est d'un aspect désagréable, imparfaite, maculée, baveuse, d'une teinte sale; les lettres sont mal espacées, les caracteres mal assortis.

3°. Le portrait du roi est mal dessiné, n'a pas la même physionomie; les plis du cordon d'ordre & de l'écharpe sont différens, confus & très-irréguliers, & l'azur du fond de l'écusson est brouillé.

4°. A la ligne d'en haut, entre les vignettes, dans le mot *création*, l'*é* & l'*a* sont liés. Le millaire 1790 paroît écrit à la main.

5°. A la ligne 3, au mot *remboursement*, les cinq premieres lettres, & particuliérement l'*o*, sont d'un caractere beaucoup plus petit que les dernieres.

6°. A la ligne 4, l'*s* premiere du mot *Assemblée* est coupée.

7°. Ligne 5, au mot *Avril*, l'*i* & l'*l* se touchent, & il manque un point après le mot *Roi*.

8°. Ligne 6, toutes les lettres de cette ligne sont d'un caractere grossier, quoique d'une dimension plus petite que dans les bons.

Le premier jambage du *D* au mot *Deux* est plein, & dans les bons il est ouvragé.

Le premier jambage de l'*M* au mot *Mille* est déchiré dans les faux.

9°. Ligne 8, l'*f*, au mot *Conformément*, est remplacée par une *s*.

10°. L'N indicative du N°. eſt retournée.

11°. Les chiffres du N°. ſont tracés d'une main tremblante & peu accoutumée à faire des chiffres ; ils ſont inégalement eſpacés.

12°. Le paraphe de la ſignature *Pittet* n'eſt pas ſemblable à celui des bons.

13°. Le timbre *deux mille*, en toutes lettres, eſt d'une proportion plus petite. Le nom du graveur *Gatteaux* y manque (1).

14°. Ces aſſignats faux connus ſont de la ſérie C.

En examinant les caracteres propres au papier, on reconnoît aiſément qu'il n'eſt pas ſemblable au papier national. Les vignettes & lettres ne ſont pas dans la texture, mais paroiſſent exécutées par une forte preſſion qui a rendu cette partie tranſparente. Il faut remarquer que dans les faux les lettres ſont d'un caractere plus pur, & le papier eſt ſouvent percé. L'*N* principale au mot *Nationale*, eſt plus élevée que les autres lettres.

Le timbre ſec eſt peu apparent, les formes & deſſins n'en ſont pas bien ſenſibles ; le papier porte à cette partie le caractere d'une forte compreſſion, il en eſt même bruni.

L'Aſſemblée a ordonné l'impreſſion & l'envoi du Rapport.

---

(1) Le nom de *Gatteaux* eſt quelquefois peu marqué dans les bons.

DÉCRET SUR LES ASSIGNATS.

L'ASSEMBLÉE NATIONALE, ouï le rapport de ses Comités des rapports, des finances & de l'extraordinaire, décrete :

ARTICLE PREMIER.

Toute personne à qui l'on présentera en paiement un assignat suspect de faux, notamment un des assignats de 2,000 liv. suspects, d'après les caracteres qui ont été rendus publics, sera tenue d'aller aussi-tôt en faire sa déclaration, à Paris, au Comité de police de la section; hors de Paris, à la Municipalité du lieu dans lequel on lui aura offert ledit assignat.

II.

Le porteur de l'assignat suspect de faux, qui l'aura offert en paiement, sera tenu d'accompagner la personne à qui il aura offert ledit assignat, de faire sa déclaration de la personne de laquelle il a reçu l'assignat suspect, après l'avoir paraphé, pour qu'il soit envoyé à la caisse de l'extraordinaire, où il sera vérifié. Il y restera en dépôt, s'il est reconnu faux. Si l'assignat est reconnu bon, il sera remis au propriétaire.

III.

Lorsque des assignats suspects seront présentés en paiement dans les caisses publiques, les trésoriers ou caissiers les feront conduire sur-le-champ, soit au

Comité de police de la section, soit à la Municipalité, ainsi qu'il est dit en l'article précédent, pour que leur déclaration y soit reçue, l'assignat paraphé & déposé.

I V.

Dans le cas où celui qui aura présenté un assignat suspect de faux, refuseroit de se rendre au Comité de police de la section, ou à la Municipalité, & d'y représenter l'assignat qu'il avoit offert en paiement, le commissaire de police, ou l'un des officiers municipaux, chargés de la police, seront autorisés à se transporter au domicile du porteur de l'assignat suspect, à faire dans ses papiers telles perquisitions qu'ils croiront nécessaires, & à saisir, soit les assignats suspects qu'ils y trouveront, soit tous autres papiers qui pourroient être relatifs à une fabrication d'assignats.

A MÉZIERES,
de l'Imprimerie Nationale du Département. 1792.

www.ingramcontent.com/pod-product-compliance
Ingram Content Group UK Ltd.
Pitfield, Milton Keynes, MK11 3LW, UK
UKHW031053260726
13965UKWH00006B/1361